これだけは身につけておきたい

ボランティアの実践スキル

久米 隼（編著）
川田 虎男／皆川 佳菜恵／甲野 綾子
／志塚 昌紀／関根 由香里／岡 秀和

CONTENTS

CONTENTS

序章　ボランティアの基礎としての実践スキル

「ボランティアって気軽にできるの？」

このように聞かれれば、その気軽さもボランティアの特徴であり、魅力のひとつなのかもしれないと答えるだろうし、少なくとも「気軽にできるのか」といえば間違いではないだろう。

ある調査では、ボランティアに対する意識として「気軽さ」と回答した人が80％以上いたそうだ。「気軽さ」がボランティアの活動にとって重視される要素であることを示唆している。

本書のはじめに申し上げると、その気軽さを大切にしつつ、ボランティアの実践を一歩進めようとすることが本書の目的である。

ボランティアの活動経験者に話を聞くと、多くの人は「楽しかった！」「また時間を見つけて参加したい！」といった充実感にあふれた感想が寄せられることが多い。自分の意思で（＝自発性）、無理のない範囲で活動する（＝気軽さ）というボランティアらしさが前面に出ているとも受け取ることができる。

さらに具体的に尋ねると、せっかく参加するなら「もっと役に立ちたい！」「たくさんの人と交流したい」や、コミュニケーションスキルなどを例えに「こんな知識があったほうが、もっと活動が充実する」「貴重な経験ができたから、今後の自分の学びや将来につなげたい」「自らの学んでいることを、ボランティア先でもっと活かしたい」といった声もよく耳にする。読者のみなさんはいかがだろうか。

このように、気軽にはじめた活動を自らの意思でより深め、普段の大学等での学びや将来の進路選択、その後の仕事・趣味などと結びつけて考えている活動者も少なくはないようである。

さて、本書のキャッチフレーズは「より充実したボランティアの活動へ！」である。前著「これだけは理解しておきたいボランティアの基礎」は、タイトルそのまま「基礎」を取り上げ、[1]「やってみる！」というキャッチフレーズに願いを込めたが、この続編という位置づけでまとめることにした。

気軽にはじめたかもしれないボランティアも、ちょっと知識やスキルを深めることで、活動先で相手の喜ぶ笑顔がさらに見られるだろう。これは、結果的に活動者自身がより楽しく、さらに充実感が満たされ、活動者自身の学びやスキルアップ、将来にもつながる。その得られたスキルをボランティアとして活かすことができれば、さらなる活動の活発化につながるだろう。表紙にもある「楽しく活動に取り組んで、次につながる・つなげる」が示すようなボランティアの実践を通した「好循環」を生み出すことが本書の狙いである。

実際の体験談でもあるが、ボランティアとして活動に参加をしていると、特に継続的に取り組む活動の場合には大事なポジション（役割）を任せられたり、ボランティア・リーダー的な立場を担ったりすることもあるだろう。これも得がたい経験のひとつだが「私はリーダーにはならない」「関係ないや！」と思った人もいるだろう。そんな人もまだ本を閉じないでほしい。

たしかに目次にある各章のタイトルだけ見ると「リーダーシップ」や「企画の立て方」などの語句が並んでいるが、本書は決してリーダーや運営者のためだけにつくられた本ではない。

本書で取り扱う内容は、いずれもボランティアを実践している（しようとする）人であれば、誰もが身に

1　初めてボランティアの活動をスタートさせたいという方は、本書の前に拙著「これだけは理解しておきたいボランティアの基礎」（日本橋出版）をまずは参考にすることをオススメしたい。

つけておきたい知識や技術である。これも意図して前著の「基礎」に対して「応用」や「発展」とはせず、実践で役立つスキルということで「実践スキル」というタイトルにした。

ボランティアとして活動をする際に、活動者のみなさんが身につけておきたい知識や技術は、同じボランティアでもあるリーダーや運営者にとっても、もちろん必要な知識や技術である。ぜひボランティアに取り組む幅広い方々の参考になればと思っている。

さて、ここで大事なことを改めて確認したい。ボランティアは他者のために行う活動であることは言うまでもない（利他性）。反対に、自分のためだけの活動であればボランティアではないだろう（利己性）。しかし、それは一方的に相手のために尽くす活動ということではなく、双方向性を大事にするというのもボランティアの特徴である（互恵性）。

では、相手のために何かの活動をしたとして得られるものはなんだろうか。ボランティアは経済的な見返りを求める活動ではないことはご存知であろう（無償性）。

特に本書の主な読者層として想定している学生のみなさんにとって、ボランティアの活動を通して学び得ることのできる「実践スキル」は多いと思う。語弊を恐れず申し上げるならば、せっかくボランティアとして活動するならば、活動を通して知識・技術のひとつである「実践スキル」を身につけてほしい。実践スキルは、大学等の講義のみで学ぶことができるものではなく、自身が実践することで初めて身につくものである。

繰り返しになるが、ボランティアが他者のために行う活動であることは言うまでもない。他者との交流や、同じ活動者どうし関わりを通して、例えばコミュニケーションを通した人と人との関係づくり、多くの人の前でプレゼンテーションをする力、学生のみなさんであれば、社会に出た時にきっと役に立つスキルを多く学ぶことができる「学びの宝庫」ともいえる。

だが、そんな宝庫は内緒にされてきた（ボランティアで得られる「実践スキル」に特化した書籍等はそう多くはない）ようにも感じている。やはり「他者のために活動する」という大前提もあるため、活動者の得られるものについてはあえて触れてこなかったのかもしれない。

しかし、意図せずとも得られる副産物なのだから、しっかりと意識して取り組むことで、さらに他者（相手）のためになる活動につながることも踏まえれば、自らの成長にもつなげることにも大きな意義があり、本書の価値はそこにある。

このように一風変わったボランティアの書籍であるが、多彩な著者もこの本の魅力だろう。ボランティアの活動者、ＮＰＯ／ＮＧＯ運営者、ボランティアを支えるボランティアコーディネーター、大学教員・研究者といった方々に、それぞれの角度から「実践に基づいて」執筆いただき、とことん実践で役立つ内容にこだわった。

本書の構成は、第1章～第8章まで章ごとに「実践スキル」をわけて構成している。

第1章は「アイスブレイク」、第2章では「傾聴」を取り扱うが、活動の多くは対人活動であることや、直接人を相手としない活動であったとしても、一緒に活動する仲間との関係づくりは活動の充実度などにも大きく影響するため、誰もが最初に身につけたい実践スキルとした。

第3章「リーダーシップ」や第4章で取り扱う「ファシリテーション」は、ひとりのボランティアの活動者としても身につけておきたい知識である。

第5章では「企画の立て方」を取り扱うが、続く第6章の「プレゼンテーション」とともに、より多くの人に共感を得るための実践スキルでもある。ボランティアは社会問題の解決を目指した活動でもあるが、解決には多くの人の共感は欠かせないだろう。

第7章では「振り返りと言語化」について触れるが、これは個人的にも団体としても必要な実践スキルである。

最後の第8章では仲間を集め、理解者を増やすための「広報・発信」について取り扱うことにした。ボランティアの輪を広げ、社会問題の解決に一歩でも近づけるために必要な実践スキルである。

もちろん、本書で取り扱う8つの実践スキルは、ボランティアの活動に求められる実践スキルのうちの一部かもしれない。しかし、本書で扱う内容はいずれも欠かせないであろうと著者メンバーで議論を重ねて厳選した実践スキルである。前作は「ボランティアの入門書」としたが、今回は「ボランティア入門書の実践編」として、なるべく要点のみを簡潔にまとめることに努めた。気になる章から目を通していただくのも良いだろう。章ごとにわけて読むことも可能な形にしているので、部分的に読んでいただくことも大歓迎である。

前作のあと、読者とボランティアの活動先でお会いすることも幾度となくあった。著者としては嬉しい限りである。本書をお読みいただいたあと、ボランティアの実践がさらに楽しく、より充実したものになることを願っている。

久米　隼

第1章

アイスブレイク
――ボランティアを豊かな出会いの場にしていくために

川田　虎男

1 アイスブレイクとは？

初めてボランティア活動に参加したときのことを思い出してみてほしい。普段の生活とは違う場所、初めて出会う人たちのなかで「自分はこのボランティアをしっかりやれるだろうか」との不安もあったのではないだろうか。いくら高い意欲があったとしても、初対面の人と一緒に何かをするとなれば、誰でも緊張するだろう。ましてや、友人に誘われてなんとなく活動に来てしまったとしたら、なおさらどうしてよいか分からなくなってしまう。ボランティアを迎え入れる側としては、まずはその緊張を解きほぐし、打ち解けるきっかけを作っていきたい。一人ひとりの人柄が見えてくると互いに安心することもできるだろう。

そのような場面で活躍するのが、アイスブレイクだ。直訳すれば「氷を砕く」となるが、「氷を溶かす」というニュアンスの方がよりその実態に合うだろう。初対面の人どうしが出会ったときに、簡単な手遊びやゲーム、ちょっとした問いかけによって、その場の氷のように固まった空気を溶かしていくことを目指している。初対面の参加者どうしで自己紹介をすることもアイスブレイクと考えることもできるが、自己紹介に加えて「今日食べた朝ごはんは？」という質問を加えるだけでも、「ごはんと納豆」「たまかけごはん」「パン」「サツマイモ」「寝坊して食べてない！」等々、一人ひとり日常の様子やその人らしさが垣間見えると、緊張感が少し和らいだりもする。本章では、そんなアイスブレイクの実践スキルをボランティアの場面に即して紹介していきたい。

2　アイスブレイクの効果とボランティアでの活用場面

アイスブレイクの基本は、その名前の通り「その場の緊張感を溶かし、和やかな雰囲気やお互いが安心できる雰囲気をつくる」ことである。しかし、それ以外にも多くの役割がある。アイスブレイクの達人である青木将幸は、アイスブレイクの目的を次のように紹介している。

■ 青木将幸による「アイスブレイクの７つの目的」

①緊張を和らげる
②みんなの名前を覚える
③お互いの理解を深める
④眠気を覚まして集中力を高め、リフレッシュする
⑤グループに分ける
⑥チームワークを高める
⑦視点やメッセージを伝える

出典：青木将幸（2013）「リラックスと集中を一瞬でつくる　アイスブレイクベスト50」ほんの森出版

また、コロナ禍以降オンライン上でアイスブレイクを行うこともあるが、その際には前述の目的に加えて、

「個々のオンライン接続状況の確認」や「アイスブレイクを通した（オンライン機器の）技術習得」といった目的でも活用することができる。

では、このようなアイスブレイクの役割はボランティア活動のどのような場面で活かすことができるだろうか。

①初めて活動に参加するメンバーの出会いの場で

まず、一番アイスブレイクが求められ、活躍するのはやはり初対面の人どうしが出会うときだろう。活動内容にもよるが、グループで活動する場合にはまずメンバーどうしが打ち解けていることが重要になる。特に大学生や高校生等の若者のボランティアでは、メンバーの入れ替わりの期間も早いため、初めてのメンバーがうまく団体に馴染んでくれるかは、団体の存続にも影響する重要なテーマとなる。アイスブレイクを通して、緊張感を解きほぐしつつ、お互いのことを楽しみながら知り合うことで、安心して活動に取り組んでもらえるようにしていきたい。

②活動導入時のグループ分けや気持ちを高めるために

普段の活動の際にもアイスブレイクが活用できる場面は多く存在する。グループに分かれて活動を行う際に機械的・事務的にメンバーを振り分けることも可能だが、ちょっとした遊び心を入れてゲーム感覚でグループ分けをすると新鮮な気持ちで活動に取り組むことができるだろう。活動に向けた打ち合わせの中でも、みんなで深呼吸や手足をぐっと伸ばすだけでもアイスブレイクになるが、打ち合わせに向けた意欲を高めるようなアイスブレイクもある。

③研修や合宿等でメンバーどうしの関係をより深めるために

ボランティア活動を長期的に続けていくと、活動のスキルアップのための研修会や団体運営について集中的に考える合宿等を行うこともある。そのようななかで、普段一緒に活動をしているメンバーの意外な一面を知ったり、個々の深い思いを知ることでより結束力が高まっていく。アイスブレイクは、そのようなすでに知り合っているメンバーが、より互いを知り、関係性を深める機会にも活かすことができる。

3 アイスブレイクを進めるうえでの心がまえ

アイスブレイクを進める側としてはどのような心がまえが必要だろうか。こうしなきゃいけないというほどのルールはないが、参加する人たちの心を解きほぐすうえで進行する側も次のようなことを心がけておくと、よりスムーズに進められるだろう。

①自分自身も一緒に楽しむ

アイスブレイクのちょっとしたゲームを通して参加者が笑顔になったり、笑い声が出ればそれだけでその場の雰囲気ががらっと変わる。その先頭に立つのが進行役である。そのため、進行役も参加者と一緒になって、楽しむことが大切だろう。少なくとも、しかめっ面をして「みなさんアイスブレイクを楽しんでください」と言われても、参加者も苦しいだろう。参加者の反応を通して、一緒に笑顔になれると、進行役自身の緊張もほぐれてくる。もちろん、進行役だけが過剰にテンションを上げてしまうと、逆に参加者との空気感にギャップが生まれ、参加者を置いてきぼりにしてしまうことがあるので注意が必要だろう。

②自分のことをオープンに

初対面の人どうしが集まっていれば、誰でも緊張するものである。そのような中、突然見知らぬ人から「アイスブレイクをやります」と言われると、最初は身構えてしまうかもしれない。そのため、進行役は自分が何者なのかの紹介と共に、「実は今、私も緊張しています」「今日みなさんに集まっていただきとても嬉しいです」「まさか、こんなに集まるとは思いませんでした」等々、今の自分の思いや感じたことを自己開示していくことも大切になる。アイスブレイクは、参加者どうしに少しずつ「自己開示」する機会を作る仕掛けと言い換えることができるかもしれない。そのためにはまず進行役が率先してその姿勢を見せることで、参加者も安心して自分のことを語ることができるようになる。もちろん、自分のことをなんでもペラペラ話せばよいということではない。参加者の自己開示の呼び水として、まずは率先して自分のことを発信できる人になってほしい。

③ 上手に進行できなくても大丈夫

ここまで読んでいると、「自分にはできない」「荷が重い」と感じた読者もいるかもしれない。ただ、誰も最初からはうまくいかないものだし、極端なことをいえば、「進行がうまくいかなかったとしても、参加者の緊張感がほぐれていればＯＫ」なのである。進行役の緊張が参加者に伝播して、互いにより緊張感を高め合っていくような負のスパイラルだけは避けたいところだが、「このゲーム（アイスブレイク）上手くいかなかったですね」と正直に感想を伝えることで、失敗も許されるという空気感を共有できたり、他のメンバーから突っ込みが入りそこで笑顔や笑いが起きれば、雰囲気を和らげるというアイスブレイクの目的は達成されたことになる。場数をこなせば、場面に応じたアイスブレイクを使いこなせるようになるので、ぜひ気軽に進行役も担ってもらいたい。

4 実際のボランティアで活用できるアイスブレイク集

ここでは場面に応じて活用できるアイスブレイクを紹介していく。

① 初めて活動に参加するメンバーの出会いの場で

【自己紹介シート】

少し丁寧に自己紹介をする時間があるときには、下記のような自己紹介シートを作成し、シートに従って自己紹介をしてもらうことで、お互いについて知り合うことができる。４つの質問は進行役で決めることができるため、会の趣旨につながる質問（参加の動機・活動への意気込み等）を書いてもらうことも可能。似顔絵を描いてもらい、互いに見せ合うとより和やかな雰囲気になる。

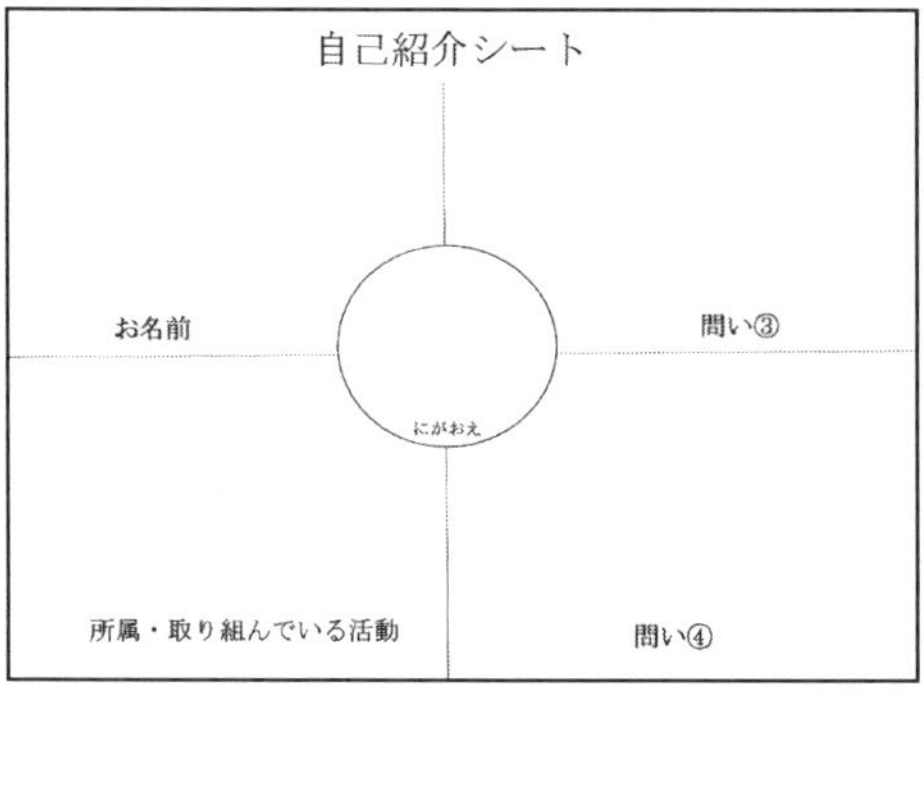

所要時間：20分~30分程度

進め方：

1．自己紹介シートを配布し「今配布した自己紹介シートの項目を記入して、最後に自分の似顔絵を描いてください」と案内する。その際、進行役が「お世辞にも上手とはいえない？」似顔絵を見本として見せると、みな安心して似顔絵を描いてくれる。
2．シートが完成したら、シートをもって参加者どうしの自己紹介の時間をとる。参加人数や全員と自己紹介するかで時間配分が変わるが、「10分の間にできるだけ多くの人と自己紹介を行ってください」といった形で、時間で縛ることもできる。
3．自己紹介の時間が終了したらシートを回収し、壁等に張り出すとその日の参加者一覧となり、休憩時間等もみなでシートを確認することができ、会場の雰囲気づくりにも一役買ってくれる。

【人間マッピング】
その会場に参加している人の立ち位置で、その人の住んでいる場所や出身地を確認し合うアイスブレイク。ご近所さんや同郷の人と巡り合うことで、打ち解け合い、遠方から来た方には感謝の言葉を伝えることで、温かい空気をつくることができる。

所要時間：15分程度
進め方：
1．進行役はその部屋の中央に立つ。その場所から「東・西・南・北」を参加者と確認したうえで、参加者に「この場所を中心として、みなさんの住んでいる場所を立ち位置で教えてください。今日の会場の近所の方は私の近くに、遠くから来た方はより遠くに立ってください」とアナウンスする。最初は混乱するが、方角や距離感がわかってきたら「周辺の人たちとも位置を確認し合ってください」とアナウンスする。正確な位置よりは、ご近所さんや同じ方面の人どうしが互いに気づけることが大切になる。

2. 立ち位置が決まったら、「中心から一番近い人」と「一番遠い人」にそれぞれどこから来ているかを確認する。その後、それぞれが立っている近くの人どうしでグループになり、自己紹介と住んでいる場所について話しあっていただくとご近所や地元の話で盛り上がる。

※参加者により、「ご近所」「市内」「県内」「日本国内」と距離感が変わる点には注意が必要。

② 活動導入時のグループ分けや気持ちを高めるために

【チェックイン】

会議を始める際、参加者全員に「一人一言」話してもらうチェックイン。自己紹介や近況報告、そのときの気分でもOKだが、打ち合わせへの意欲を高めるという意味では、活動に関わる一人ひとりの思いを語っていただくことも有効である。ただ、ついついしゃべりすぎてしまう人もいるので、必要に応じて「一人一言」や「一人20秒以内」といった制限を設けることも考えたい。

所要時間：5分～10分程度

進め方：

1．会議を始める前「会議のチェックインとして一人一言発言をお願いします」とアナウンスする。

2．「今日のテーマは『○○○○』です。一人○○秒以内でお願いします」と伝え、順番にコメントしてもらう。

〈問いかけの例〉

例①　次回の活動のレクについての会議→「これまで面白かったレクを一つ教えてください」

例②　夏祭りに向けた実行委員会→「夏祭りといえばこれと思えるものを一つ教えてください」

【「好きな○○」でグループづくり】

初めての人どうしでもお互いに好きなことや共通項が見つかると打ち解けることができる。○○でグループづくりは、そんな好きなもの（こと）でつながるきっかけを作ることを目的としたアイスブレイクとなっている。好きな○○のなかには「おでんの具」や「おにぎりの具」や「寿司のネタ」等があり、できあがるグループの数を制限したい場合には「好きな季節」等、選択肢の数が決まっているものを活用することもできる。

所要時間：10分程度

進め方：

1．スタート時の案内「これから好きなおでんの具でグループ分けを行います。スタートしたら、それぞれ好きなおでんの具をつぶやきながら、同じおでんの具が好きな人とグループになってください。」

2．好きなおでんの具でグループができたら、グループのなかで自己紹介と「その具がいかに美味しいか」について語り合う。

3．好きなおでんの具で仲間がいなかった人どうしも進行役が一つのグループにして、それぞれの具の魅力について語り合う。

4．時間に余裕があれば、全体で、それぞれのおでんの具の魅力について発表してもらう。

応用編：「好きな○○」あなたならどんな問いかけをするだろうか。自分たちで盛り上がりそうな「好きな○○」を探して、活用してもらいたい。

③ 研修や合宿等でメンバーどうしの関係をより深めるために

【バースデーチェーン】

バースデーチェーンは、アイスブレイク王道ネタだが、言葉に頼らないコミュニケーションを実感できることや、問いかけ方を変えることで、様々に応用がきくアイスブレイクとなっている。

所要時間：5～10分

進め方：

1．スタートのアナウンス「1月1日生まれの人から12月31日生まれの人まで一列に並んでもらいます。ただし、並ぶときに一切しゃべってはいけません。文字を書いてもいけません。それ以外の方法で、お互いに確認をとって順番に並んでください。」

2．並び終わったら答え合わせ。1月1日の人からちゃんと並べているか、順番に誕生日を発表してもらう。

3．順番通りに並べていることを確認した後に、「どのような方法で確認を取り合ったか」を数名に尋ねる。「指で数字を示す」「首を振る」「手で×を作る」「うなずく」「目で合図をする」等、多様な伝達方法が出てくる。その答えを受けて、人は言葉だけではなく、言葉以外の方法で多くの意志を伝えていることや言葉以外のメッセージに気づくことの重要性等を伝えることで、非言語的

なコミュニケーションへの学びにもつながる。

応用編：他にも「朝起きた順番」「夜寝た順番」等、様々な応用が可能。メンバーどうしがある程度親しいときには「初恋の年齢順」等、恋愛ネタを持ち込むことも可能。

5 アイスブレイクをより深く学びたい方のために

本書で紹介しているアイスブレイクは、多種多様なものの中のほんの一部となっている。より、多くのアイスブレイクを学び、会得したい人には次の書籍をお奨めしたい。既存のアイスブレイクを自分なりに改良して、独自のアイスブレイクを開発するのも面白いだろう。

（1）青木将幸（2013）「リラックスと集中を一瞬でつくる アイスブレイクベスト50」ほんの森出版
アイスブレイクのネタをたくさん知りたい！という方にお勧めの一冊。

（2）今村光章（2014）「アイスブレイク 出会いの仕掛人になる」晶文社
アイスブレイクの進め方についても丁寧に触れられている実践者向けの一冊。

（3）ハンズオン埼玉（2021）「オンラインのあたたかい場づくり自主研究ノート」

オンラインならではのアイスブレイクに特化した一冊。

第2章

傾聴

――ボランティアにおける信頼関係を構築していくために

皆川　佳菜恵

1 人の話を聴くという傾聴スキルは意識をすることから

みなさんは「話を聴く」という行為をどのように捉えているだろうか。簡単なことだと思うだろうか。それとも難しいことだと思うだろうか。筆者自身はどちらかといえば難しいことだと思っていた。

幼少期の頃を思い出してほしい。自分または周囲の人が、話を聴かずに注意された経験はないだろうか。話を聴くときに身が入っていない、話された内容をすぐに忘れてしまう、人の話を遮る——。これらのことで親や先生から注意されたことがある人もいるだろうし、親しい人からの信頼を失ってしまった人もいるかもしれない。恥ずかしながら筆者自身にも当てはまる経験がある。そのため、実は話を聴くことなど、難しいことではないと思っていた筆者も、徐々にその考えを改め、今ではどちらかといえば難しいことだが、大切なことだと思うようになったのである。よって、人の話を聴くことは無意識にできるようになるのではなく、それなりに何らかのスキルが必要なこと、あるいは少なくとも意識することが必要なのだろうと考えてきた。ただし、ボランティア活動での実践から言えることは、ちょっとした意識をするだけで話の聴き方を大きく変えることができる、ということである。本章を通してみなさんが意識を少しでも変えるきっかけになれば幸いである。

2 「話を聴いてほしい」というボランティア先でのニーズ

実は筆者自ら人の話を聴くことの重要性に気が付くきっかけとなった出来事が学生の時にある。それは学習支援ボランティアとの出会いである。

全国に先駆けて2010年9月から始まった埼玉県の学習支援事業、通称アスポートに筆者は学生時代から学習支援ボランティアとして参加していた。行政から委託を受けた一般社団法人彩の国子ども・若者支援ネットワークが、家庭訪問と無料の学習教室による支援を実施している。学習教室では小学生から高校生まで通い、そこで大学生が学習支援ボランティアとして子どもたちに勉強を教えている。2015年には生活困窮者自立支援法が施行されて子どもの学習・生活支援事業が任意事業として位置付けられた。

筆者も当初は勉強を教えるつもりでボランティアの活動に参加したが、蓋を開けてみると子どもたちには別のニーズがあることに気が付いた。それは「話を聴いてほしい」というニーズである。話と言っても、学校での出来事や趣味などたわいもない話である。しか

しながら、生活困窮世帯では日々の生活で手一杯なことが多く、子どもたちは自分の話を聴いてもらう時間が少ない。親も子どもの話を聴いてあげたいと思いつつも、日々の仕事に追われてあっという間に1日が過ぎていく──。そのような子どもたちは心に様々な想いを抱えて学習教室にやって来るのである。

筆者は話を聴くことが得意でないうえに、話を聴くことの重要性すら理解しないまま学習支援ボランティアを始めてしまったため、最初のうちはしばしば失敗をしていた。

ある中学生の男子とアニメのキャラクターの話題になったとき、「私が中学生の頃もこのキャラクターが流行ってたよ」「私はこのキャラクターが好きなんだ」と自分自身のことばかりを立て続けに話してしまった。その瞬間、子どもの口数が少なくなり会話が途切れてしまったことがあった。

また、ある受験生の女子を担当したときに一緒に問題集を解いていた。まだページ数もたくさん残っていたため、1ページ終わるごとに「そうしたら次のページもやってみようか」と次々進めてしまった。すると何ページか進んだところで子どもの手が止まり始め、途中で涙ぐんでしまった。その場で勉強を中断し職員が面接をしたところ、受験に対する不安が大きくなりいったん勉強をやめたいとのことだった。

筆者にとって苦い経験ではあるものの、これらの経験を通して話を聴かないことが子どもとの関係構築に影響を及ぼし、場合によっては勉強を教えることにまで影響してしまうのだと思い知ったのである。

3 「どうせ高校へ行けないのだから…」という言葉

一口に学習支援ボランティアといっても様々な種類がある。外国籍の子どもを支援する活動もあれば、学校現場での活動もある。そのなかで筆者が出会ったのは、生活困窮世帯の子どもを対象とした学習支援ボランティアであるが、学習支援ボランティアとは何かを各種統計などを用いて紹介したい。

2022年に厚生労働省が実施した国民生活基礎調査によると日本で11・5%、実に8人に1人の子どもが貧困状態にあることが分かっている。(1) 道中隆が行った調査によると、生活保護(2)受給者の4人に1人が生活保護世帯で育ったことが分かり、貧困の世代間連鎖が窺われた。(3) また、国立教育政策研究所が実施した調査によると、親の収入が高いほど大学進学率が高いことが明らかになった。(4) 以上のことより、経済的な格差

1 厚生労働省『2022(令和4)年 国民生活基礎調査の概況』2023、p. 14

2 資産や能力等すべてを活用してもなお生活に困窮する方に対し、困窮の程度に応じて必要な保護を行い、健康で文化的な最低限度の生活を保障し、その自立を助長する制度。支給される保護費は、地域や世帯の状況によって異なる。詳しくは厚生労働省WEBサイト(https://www.mhlw.go.jp/stf/seisakunitsuite/bunya/hukushi_kaigo/seikatuhogo/index.html)を参照のこと。

3 道中隆『生活保護と日本型ワーキングプア―貧困の固定化と世代間継承―』ミネルヴァ書房、2009、p. 56~62

4 国立教育政策研究所『高校生の高等教育進学動向に関する調査研究第一次報告書』(2021)、p. 12、13

が学力や進学の格差に影響すると考えられている。

なぜ経済的な格差が進学の格差につながってしまうのか。例えば学習支援ボランティアの現場で出会う中学生のなかには、現在学校で習っている内容はおろか小学校の内容から復習している子どもが多くいる。足し算を手で計算している子、九九を唱えている子、小数や分数の計算を教わっている子が目立つ。また、高校入試を半年後に控えた子どもがアルファベットを練習したり、月や曜日などの基本的な単語を繰り返し書いて覚えていることも少なくない。多くの子どもが、まるで勉強が分からなくなった学年から時が止まっているような状態なのである。

子どもが勉強に躓いたとき、多くの家庭では塾に通わせるか、あるいは家で親が自ら子どもに勉強を教えるだろう。しかし、生活困窮世帯では家計が逼迫して塾代を出すことが難しい。またひとり親家庭の場合、親も仕事が忙しく勉強を教える余裕がない。もしくは親が外国人で日本語が分からないことや、病気やしょうがいで起き上がることさえ難しい場合もある。現在では「ヤングケアラー」[5]と呼ばれるように、先述の理由で子どもが親に代わって家事や育児を担い自分の勉強は後回しになることもある。また、家で勉強しようにも家賃が安く狭い間取りの家に大勢の家族で住んでいて自室がない子どもや、学習机を買ってもらえず勉強する環境の確保すらも難しい家庭もある。

そのような子どもたちのなかには複雑な家庭環境や勉強での躓きから自分の将来を悲観し学校へ通う意欲が失われ、高校への進学を諦めてしまうことがある。「どうせ高校へ行けないのだから、今中学校へ行っても意味がない」という言葉は、不登校の子どもの口からよく聞く。高校への進学を諦めることで就職の選択肢も大幅に狭まり、安定した職に就くことが難しくなる。そして、再び生活困窮世帯となり場合によっては生活保護を受給することとなるのである。

4 実践スキルとして身につけたい「傾聴」のポイント

ところで筆者の失敗談を読み、みなさんは上手く対応できそうだろうか。おそらく筆者と同じような失敗をしてしまうのではないかと不安に思う人もいるだろう。実は教育系のボランティアにおいては学生という立場だからこそ「傾聴」には気を付けてほしい。

大学生になって初めてボランティア活動を始める人も多いだろう。活動に参加するなかで今まで世間から子どもとして見られていた人も、ここで初めて大人側として扱われる経験をし、立場が変わったことを自覚するかもしれない。教育系のボランティアでいえば、今まで生徒として教えてもらう側だった人も、先生のように教える側の立場をはじめて経験する。今まで先生に話を聴いてもらっていた人も、「話を聴いてほし

5　本来大人が担うと想定されている家事や家族の世話などを日常的に行っているこどものこと。責任や負担の重さにより、学業や友人関係などに影響が出てしまうことがある。詳しくはこども家庭庁ＷＥＢサイト（https://www.cfa.go.jp/policies/young-carer/）を参照のこと。

い」という子どもの想いを受け止めて話を聴く側になる。そこで今までの経験から抜け切れず、ついつい自分自身が生徒のような気持ちで子どもに接してしまうことがある。実際、学習支援ボランティアに参加している学生が、子どもの話を聴くどころか自分の悩みや苦労話を子どもにしてしまうこともある。

そこで本書では、初めてボランティアに参加する学生に少しでも話を聴くことについて知ってほしいという願いから、次に「傾聴」に関するポイントをまとめた。これらは一般的な心理学における傾聴というよりも、学習支援ボランティアにおける現場での実践をもとにした傾聴のポイントである。ぜひ傾聴が必要なボランティア活動に参加した際に心がけてほしい。

①すぐに安易なアドバイスをしない

どういうわけか人に話をされると「何かアドバイスをしないと」という気持ちになってしまうことがある。特に悩みや苦労話の場合、「解決してあげたい」という気持ちが自然と湧いてきてしまう。

しかし、ぜひ一度立ち止まって「相手はアドバイスを求めているのだろうか」と冷静に考えてほしい。なかには話を聴いてほしいだけの人もいる。人に話を聴いてもらうことで自分の気持ちを整理し、答えを探したい人もいる。話を聴いてもらうだけで心を軽くしたい人もいる。ここで相手はアドバイスを求めていないのに「こうすればいいじゃん」とその場で思いついた中途半端で安易なアドバイスをしてしまうと、かえって相手を傷つけてしまうことがある。「～すればいいのでは?」という言い回しは相手のためにアドバイスをしているようで、実は本当に困っている人の立場からすると単に突き放されたように感じてしまう。その理由は、アドバイスが相手の実態に即していないからだ。

例えば学習支援ボランティアで、英語のテストの結果が振るわなかったという子どもに対して「もっと家で英単語を書いて練習したら？」とアドバイスする。ところが、子どもの自宅には勉強する机がないため書くこと自体が難しい場合もある。実際に筆者が関わった子どものなかに狭いアパートに住んでおり、勉強机がなく床にノートを開いて勉強しているため、足が痛くなって長続きしないというケースもあった。子どもも書いて勉強する必要性を理解しているし、書けるような環境がほしいと思っている。しかし、それが叶わない。そして子どもは実態に即していないアドバイスと現実的な難しさの間で苦しくなってしまう。実態に即していないアドバイスを不快に思ったり、「それができなくて困っているんだけどね」と半ば諦め「この人に言っても無駄だ」と思って心を閉ざしてしまう子どももいるだろう。

あるいは、この子どもは本当にアドバイスがほしいのだろうか、という点にも注目してほしい。勉強のアドバイスがほしいのではなくテストの結果にがっかりしている気持ちを聞いてほしいだけ、共感してほしいだけ、ということも考えられる。もしかしたら「次は一緒に頑張ろう」と励ましてほしいのかもしれない。だとすると子どもの真意も分からないままアドバイスするのは、支援を空振りするのと同じである。

傾聴のポイントは自分自身の当たり前に基づいた感覚を押し付けず、アドバイスしたい気持ちを抑えてまずはただ聞くだけ。しかしただ聴くだけが実は一番難しいのである。

②相手の心に重心を置く

相手の心に重心を置くとは、簡単にいえば相手の世界に想いを馳せることである。自分の趣味について話す人がいれば、「この人はどのようなことに興味があるのかな」「自分もその趣味についてもっと知りたい！」

と興味を持って話に耳を傾ける。ここで重要なことは「皆無の姿勢」である。

時々、学習支援ボランティアに参加する学生のなかには職員に対して「子どもの趣味を教えてください」と言う人もいる。もちろんわかる範囲では教えるが、全ての子どもが自分自身の趣味を開示しているわけではないので、職員にも限界がある。相手と話すうえで大切なことは最初から知っているかどうかではなく、相手の話に対してまるで自分のことのように興味を持つことである。筆者も子どもと接しているなかで最近流行りのアニメやゲームの話になると分からないことも多いため、そこは正直に「それはどのようなものなの？」と尋ねる。すると子どもは興味を持ってもらえて嬉しいのか説明を始める。もちろんなかには自分自身が知っているものもあるが、せっかく子どもが話してくれたので「いつから好きなの？」などと話を広げるような質問をする。言葉を用いた言語的情報に加え、表情や声音、視線などの非言語的情報を用いて「あなたのことをもっと知りたい」というメッセージを送ることが重要なのである。

③ただ待つことの重要性

話を聴くものだと思い込んで活動に挑むと、話さない人と出会ったときに混乱してしまうこともある。混乱すると話を引き出そうと質問攻めにしてしまうことがあるので、そこは注意してほしい。なぜなら話さないこと自体も無言のメッセージだからである。行動には必ず背景に理由があるので、そのようなときは「この子はまだ私と話したくないだけなのだ」と自分に言い聞かせるようにする。学習支援の現場でも、無言でスマートフォンの動画を見続ける子どもや話しかけても延々と問題を解き続ける子どもがいるが、そのようなときは子どもの隣にちょこんと座り、黙って一緒に動画を見たり問題を解いたりする。

筆者も学生ボランティアとして活動していたときに、全くしゃべらない中学生の男子を担当することがあった。前髪を長く伸ばして顔を隠し、問題を解くときには手で隠しながら勉強していた。教える側としては不安もあったが焦っても支援が上滑りするだけだと考え、質問攻めにせずその子が問題を解くのを横で黙って見守っていた。ところが数回担当するうちに、ある日その子が前髪を切ってきて顔が見えるようになり、徐々に挨拶もできるようになった。そしてついに職員やボランティアと会話ができるようになったのである。

特に対人関係のボランティアでは自分の思い通りにいかないことがほとんどである。学習支援の現場でもすぐに勉強に取り組みコミュニケーションをとることができる子どももいれば、2~3年の月日を経て勉強に向き合えるようになり人と話すことができるようになる子どももいる。相手がいつ変わるかは本人にも私たちにもわからないのである。

以上がボランティア活動での実践に基づいた傾聴のポイントである。学習支援ボランティアの現場を例に説明したが、他分野のボランティア活動でも活かせる視点はあるので、ぜひ参考にしてほしい。

ただし、なかには親身に話を聴いて関係が構築されていく過程で、相手から深刻な相談を持ち掛けられることがある。例えば生死に関わる話、家庭内の込み入った話、お金に関わる話、ボランティアの活動者自身が受け止めることには難しい話等が挙げられる。一人で抱え込むことは自身の負担になるだけでなくトラブルなどにつながるリスクもあるため、活動先のスタッフに相談してほしい。

第3章

リーダーシップ

——チームとして活動を展開していくために

甲野　綾子

1 ボランティア活動におけるリーダーシップとは

みなさんはリーダーシップと聞いて、どんなことを思い浮かべるだろう。メンバーへの適切な指示出し、活動の旗振り役など、チームを引っ張り導いていく姿を想像する人も多いかもしれない。こうしたリーダーの力は、仕事やスポーツなど、様々な現場でも必要とされる普遍的なものだ。

一般的なリーダーの機能を「目的達成のＰ（Performance）」と「メンバーの関係性維持のＭ（Maintenance）」の２つに整理したＰＭ理論[1]というものがある。この考え方では、Ｐ機能が厳しくメンバーを指導するなどして、チームの成果達成を早める。Ｍ機能が円滑なコミュニケーションなどで、チームワークを強化する。ＰとＭの両方をバランスよく機能させることが重要だとされる。

一方で、ボランティア活動ならではのリーダーの機能があると筆者は考えている。それは、メンバーのやる気をみながら活動を適正な規模にし、何らかの事情で中止する場合も、他者に迷惑をかけないマネジメント機能だ。ボランティアグループでは、仕事と違ってお金が介在せず、リーダーとメンバーは上司と部下でもない。自らの意思で行うというボランティア活動の原則[2]から、メンバーに活動を強制できない一方で、取り組んでいる活動には責任があるというジレンマが生じる。つまり、ボランティア活動においては、目標達成のＰもメンバー関係性維持のＭも、グループ内部で完結しない。外の社会との関係性のなかでチームの目標を設定しメンバーの意欲や役割を調整していくことが求められる。このマネジメント機能が、ボランティア活動におけるリーダーシップのなかで、もっとも重要かつ特徴的であると筆者は捉えている。

以上を踏まえて次節から、筆者のボランティア活動経験をもとに、どういう場面でどういうリーダーシップが求められるのか、みなさんと一緒に考えていきたい。

2 メンバーとして感じたこと ～外とつなぐ～

筆者が初めてボランティア活動を行ったのは中学生のとき。当時所属していた町のオーケストラが老人ホームでの慰問演奏などを行っており、演奏者として参加していた。また、高校では吹奏楽部員として地域のお祭りやパレードなどに協力していた。

1 リーダーシップPM理論とは、九州大学でのリーダーシップ研究をベースに、三隅二不二らによって確立された理論。三隅二不二著『新しいリーダーシップ ——集団指導の行動科学』(ダイヤモンド社、1966年)参照。

2 本書の「序章」にある通り、ボランティア活動は本人の意思にもとづいて行われる、経済的な見返りを求めない社会的な活動である。また、「自発性・自主性」「社会性・連帯性」「無償性・無給性」「創造性・先駆性・開拓性」の4原則で説明されることがある(東京ボランティア市民活動センターウェブサイト参照　https://www.tvac.or.jp/shiru/hajime/gensoku.html)。このうち「創造性・先駆性・開拓性」を省略した3原則として紹介されることもあるなど、その定義や原則は、時代とともに変化している。また、機関、研究者により解釈や表現も異なる。筆者は先の4原則を前提に本稿を執筆した。

メンバー目線で当時を振り返ってみると、リーダーの重要な役割は「外とつなぐ」ことだと思う。そこには2つの要素がある。

ひとつは活動の意義や背景をメンバーに伝えることだ。例えば筆者は、演奏当日、老人ホームのお年寄りが、若い頃に流行った曲が流れた途端に涙を流して感動されているのを目の当たりにし、彼らにとっての思い出と音楽の大切さを感じた。そのとき初めて、慰問演奏の本質を理解し、オーケストラ編曲前の原曲を聞くなど準備すればよかったと後悔した。

もうひとつの要素は、地域（外部）との関係づくりだ。高校の吹奏楽部では、顧問の先生が「地域に出ていき愛されなければ、演奏を聞いてくれる人がいなくなる」と、幾度となく部員に語りかけた。そ

2022年10～11月、認定NPO法人地球市民の会によるミャンマー教育支援クラウドファンディングをSOSIAとしてサポート。盛り上げるため、他のサポーターのみなさんとオンライン対談を実施
https://youtu.be/oKlrUbOWA0Q

（画像提供：SOSIA）

2023年4月、ヤンゴンかるたプロジェクトや藤元明緒監督らと協働して実施したSOSIAチャリティカレー＆映画上映＆ワークショップイベント

（画像提供：SOSIA）

うして、期末・中間試験と日程が近いとしても、地域からの出演依頼を断らないようにしていた。その後、一時的に部員が減ってしまい、部費が少なくなり主催演奏会の開催が危ぶまれたとき、地域の商店街から協賛金を頂き、乗り越えられた。

なお、筆者は現在、ＮＧＯ ＳＯＳＩＡの代表として活動している。そのなかで、積極的に他団体とコミュニケーションをとり、自団体だけではできない取り組みを展開している。また、ボランティア活動では個々の活動の成果を競うのではなく、より良い社会に向けて各々の役割を果たすことが重要だ。グループを越えた協働においても、外部とのつながりは必要不可欠である。

3 リーダーになって感じたこと ～リーダーを増やす～

大学生になってからは、ボランティアサークルに入り、地域活動や海外での交流と寄付活動などを行った。2年生・3年生では部長を務めた。リーダーとして大変だったのは、雑用に忙殺されたことと、メンバーから嫉妬されたことだった。

他のサークルでも誰かに雑用が集中することはある。しかし、ボランティア活動においては、活動の原則のひとつが先駆性・開拓性(3であり、予想がつかない雑用や作業が生じやすい。役割分担が追い付かなくても、活動先に迷惑をかけるわけにもいかない。学生のうちは失敗も勉強のうちという面があるが、誰かを傷つけてしまうことは、回避しなければならない。リーダーは外との接点が多く、何かあれば真っ先にクレームを受けたりして、対応せざるを得ない。

また、スポーツであれば、競技中の貢献が外から見てもわかる。音楽や美術であれば、個々の能力が、ある程度形になって表現される。しかし、ボランティア活動においては、ともすると、リーダーだけが目立ちやすい。

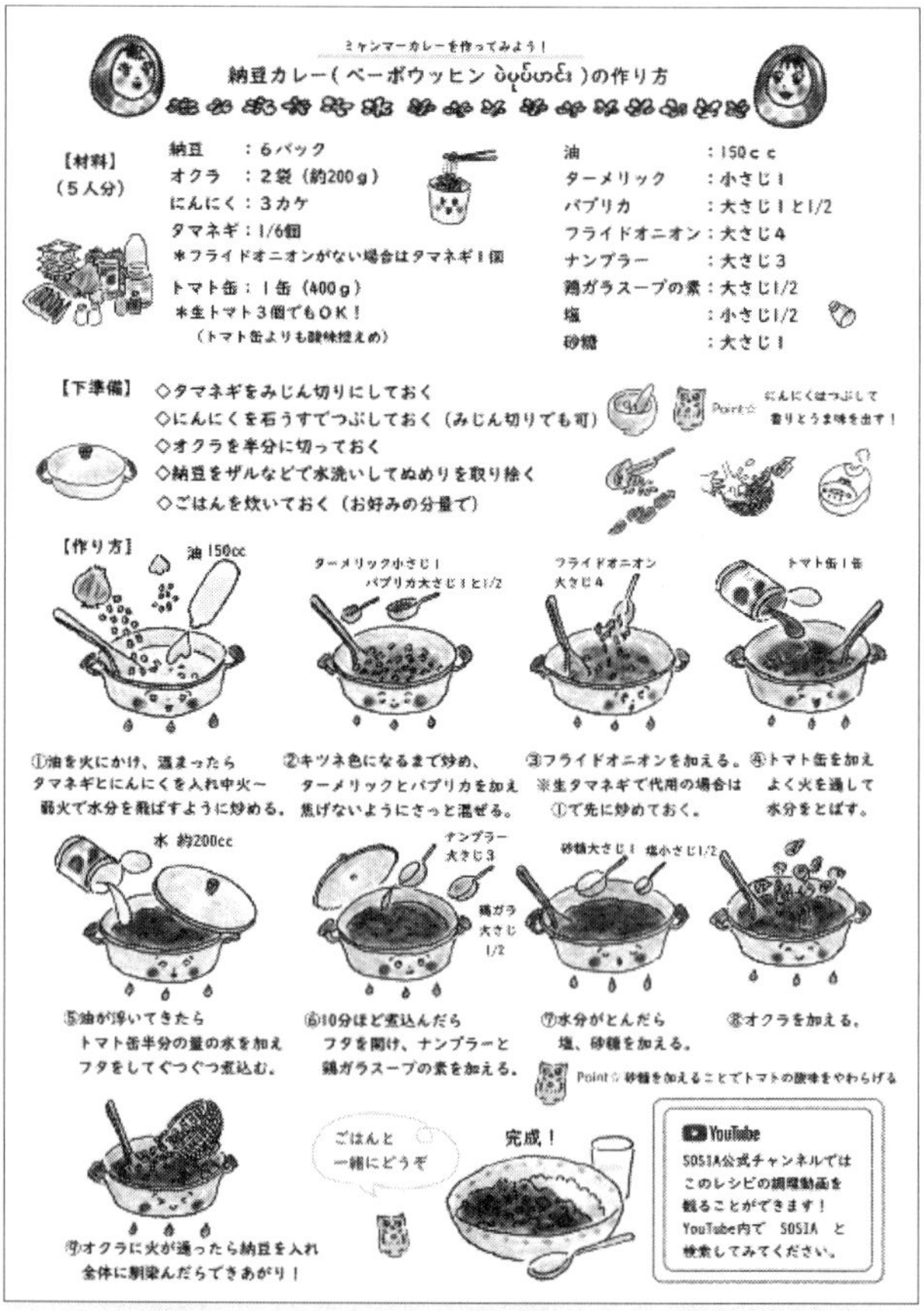

イラストが得意なメンバーと料理が好きなメンバーで協力してつくったSOSIAのミャンマー料理レシピカード

（画像提供：SOSIA）

部長を務めた2年間の後半、作業を見える化し、取り組みごとのリーダー（責任者）を明確にすることで、各責任者にも外の目が向くようになり、嫉妬も減っていった。そのきっかけは、あるメンバーが「リーダーに何でも押し付けないで、フォロワーシップに目を向けよう」と、合宿で役割分担を促してくれたこと。メンバーから「一人で背負わなくていい。私たちメンバーがリーダーをフォローし、支えることも大事」と声をかけてもらったことで、筆者の意識もグループの空気も変わっていった。

現在はSOSIA代表として、責任の分散化に加え、各メンバーの得意なことを活かせるようマネージしている。それぞれが培った経験とスキルが、活動をより豊かにしている。

4 NGOを立ち上げて感じたこと ～初心にかえり身の丈に合った活動を～

ボランティアサークルを引退した大学3年生の終わり頃、就活をやめて仲間たちとミャンマー子ども支援NGOを立ち上げることにした。理由のひとつは、学生サークルとして支援していたミャンマーの子どもた

3 p.41参照。

ちとのつながりが切れないようにしたかったことだ。当時のミャンマーは軍事政権下にあり、毎年メンバーが入れ替わる学生サークルが活動を続けるのは難しかった。また、日本の小中学校で、ミャンマーの寄付文化や助け合いの習慣、食文化を伝える活動がとても好評で、こうした活動を行う団体が他になかったこともある。

大学4年生となった2002年の夏、サークルの仲間や顧問の先生、地域の方などの協力のもと、任意団体NGO SOSIAを設立した。卒業後数年間は、日本のメンバーは非正規の仕事をして時間をつくって活動。現地では事務所を借りて、私費留学していた仲間が、パートタイム職員として活動を担ってくれた。

しかし、2004年頃から現地情勢が悪化し、活動を拡大できなくなった。そこで、メンバーそれぞれ別途フルタイムの仕事を得て、仕事の合間に活動を続けることとなった。また、現地で活動を手伝ってくれるミャンマー人の仲間も増え、現地に事務所と駐在スタッフを置く必要がなくなり撤収。ボランティアとして活動を続け、2024年現在、SOSIAは23年目を迎えた。

ボランティアグループが成長し、事務所を借りて有給職員を配置し法人格を持つ組織になっていくことも重要だ。そうした組織にしかできない取り組みもある。ただ、もしも当時の筆者たちが組織の拡大を優先するのであれば、もっと活動しやすい国や地域に支援先を変える必要があった。しかし、筆者たちはミャンマーの子どもたちとつながり続けるという原点に返り、規模縮小を選択した。

ボランティアグループの利点のひとつは、組織拡大や雇用の維持を追及しなくてもいいことである。柔軟に活動規模を変え、必要だけれど光のあたりにくい小さな活動を続けることができる。ともすると、リーダーは、大きな成果を見せなければというプレッシャーにさらされる。しかし、メンバーの気持ちや活動先の人たち、取り組むべき社会課題に寄り添って、グループとしての方向性を見定めることが大切ではないだろうか。

5 こども食堂を運営して感じたこと ～対等な関係であるために～

大学卒業後、ミャンマー子ども支援NGOの活動を続けながら、就職・転職、結婚・出産とライフステージが変化していった。そのなかで、子育てや子どもの課題に関心が出てきた。きっかけは、妊娠・分娩・産後の体へのダメージと子育ての過酷さを経験したこと。当時、乳幼児の虐待親の糾弾がメディアを賑わせていたが、周りのサポートがなければ、筆者も虐待する側にまわってもおかしくないと感じるほど、子育ては辛かった。

また、つわりで起き上がれなくなり、体調のよい午後から出勤し昼休みをとると、昼休みをまるまるとらず働くよう上司から注意されたり、切迫早産で安静が必要でも出勤を求められたりした。勤務先や保育園の事情で、産後3か月で仕事復帰。小さな赤ちゃんは、頻回に夜中の授乳があるうえ、保育園から頻繁に風邪をもらい入院することもあった。筆者は子どもの体調にあわせて急な休暇を取らざるをえず、入院の付き添い先から業務を行うよう勤務先に求められたり、病児シッターを必死に探したりした。夫の育児参画があっても、妊娠・出産・子育てをしながらの仕事は過酷を極めた。まして、ひとり親なら、仕事と子育ての両方を担うことは、あまりにも厳しいと感じた。小さな子どもを抱える親への、何らかの支援や、ほっとできる居場所の必要性を痛感した。

そうしたなか、２０１６年の春、保育園のママ友に、こども食堂立ち上げに誘ってもらった。その後５年ほど、副代表および代表として、親子を対象とした月２回の会食を運営した。調理・配膳・片付けや助成金の申請、会計、ＷＥＢサイトづくり、レシピ作成と食材調達などに携わった。知り合いの学生さんや若者から託児ボランティアを募集し、筆者を含めた子育て中のボランティアが活動できる体制をつくった。同時に、子育て中のボランティアの子どもたちが、お兄さんお姉さんと遊ぶ楽しさを持てるようにした。

ところが、５年目となった２０２０年に世界的なコロナパンデミックに突入。会食が難しくなるとともに、利用者さんのなかには仕事を失い経済的に困窮する方も出始めた。もう一人のリーダーの判断で、会食をやめて食料支援に切り替え、託児ボランティアは中止になった。そのタイミングで、筆者は活動をお休みし、託児ボランティアが再開されるまで活動には戻らないことを決めた。

なぜ活動を休んだかというと、自分の子どもを家に置いて他人の子どもの支援に出かけることが苦痛だったからだ。また、休校や自宅保育など、子どもをみながら在宅勤務という状況で筆者自身も体調を崩し、生活がままならなくなっていた。さらに、食料配布は「支援」の色が非常に強く、親子の居場所という双方向の活動が、助ける人と助けられる人に分かれた一方向の活動に変わったように感じた。

幸い、仲間のなかには、自宅で子どもをみる必要がないメンバーもいて、彼らが活動を続けてくれた。少し上のママ世代が、年下のママをしばらく支える先輩・後輩のような関係もつくれたようだ。しかし、もし筆者と同じ子育て現役世代しかボランティアがいなかったら、こども食堂そのものを休止する選択をしていたかもしれない。どんなにニーズがあっても、ボランティア自身の生活を圧迫し、利用者さんとの関係が変わってしまうのであれば、活動を続けられない。まして、恒常的な困窮者支援は行政や有給職員がいるNPOの仕事だと筆者は考えている。仮にボランティアグループが担うとしても、メンバーの生活を圧迫しない範囲でなければ続かないだろう。

6　まとめ　～一歩踏み出し、無理なく続ける～

さて、ここまで読んでくださったみなさんは、何を感じただろうか。すでにリーダー経験があるなら、自身の経験に重ね合わせて、「わかる！」という部分や、逆に「ちょっと違う」と感じたところもあるかもしれない。ボランティア活動におけるリーダーシップに正解はない。そして、リーダーとはこうあるべきだ、と考えすぎると何もできなくなってしまう。もしも、リーダーであることに疲れたり、躊躇したりしている人がいるならば、一歩踏み出す勇気を持ちながらも、無理のない範囲でリーダーシップを発揮してほしいと願っている。その際に、本章のエピソードや考え方が参考になれば幸いである。

第4章

ファシリテーション
——思いを大切にしながら活動していくために

志塚　昌紀

1 ファシリテーションとは？

ボランティア活動は、お金を稼ぐためではなく、普段の社会的な地位や役職などに関係なく、何らかの良いことをしようという気持ちの下で、皆が同じ目的や価値観で集まっている。そのため、決まり事の決定などにおいても、誰でも参加できる開放的な雰囲気のなかで、全員が意見を出し合い、議論を深めることが求められることが多いのではないだろうか。

しかし、こうした民主的な運営方法や活動方針は、ときに困難を生じさせることもある。例えば、全員の意見を尊重しようと思うあまりに話し合いが長くなってしまったり、人によっては自分の思いを上手く伝えられなかったりすることもある。また、実際には力のある人の意見が通りやすかったり、結局、全員が納得する結論には至らず不満が残ったままになってしまうようなケースもある。

これらの問題を解決するためには、話し合いをうまく進める工夫や情報をしっかり共有するテクニックが必要となる。本章では、その工夫やテクニックを「ファシリテーション」として紹介していく。ファシリテーション（facilitation）は、為しやすくする、容易にするという意味を持つfacilitateの名詞形である。つまり、ファシリテーションのスキルを身につけることで、チームやグループの人々がお互いの話を聞き入れやすくなり、相互理解を容易にすることができる。そして、時間を無駄にすることなく、みんなで良い結論に辿り着けるようになる。もし意見が衝突したとしても、その対立をうまく扱い、みんなが納得する解決策を見つける手助けができるようになる。こうしたファシリテーションスキルを身につけた進行役（＝ファシリテーター）がチームやグループにいることで、作業が効果的になり、より良い成果を導き出すことができるだろう。

2 アクティブリスニング

アクティブリスニングは、話し手が自分の考えを完全に伝えることができるようにするために、ファシリテーターが心を込めて行う聞き方である。これには、相手が言葉にしたことだけでなく、感情や身振り手振りといった非言語的な表現にも注意を払うことが含まれる。これは、心理学やコミュニケーション、組織行動など多くの分野で用いられる氷山モデルをイメージすると分かりやすい。氷山モデルは、実際の氷山のように、目に見える部分（氷山の一角）と目に見えない部分（水面下）とを区別し、表面的な問題に対処するだけではなく、その背後にある根本的な原因や潜在的な問題を掘り下げて理解するために使われる。例えば、チームやグループの活動においては、結論や論点、テーマなど、誰の目にも明らかな事象や状況が、水面上の部分にあたる。一方、水面下には、話の聞き方や話の仕方といったコミュニケーションのパターンに加え、話し合いのなかで生まれる様々な葛藤や、湧きあがる感情など、水面上の事象や状況の背後にある、非常に大きな、そして多様な要素を表している。ファシリテーションは、こうした目に見える「内容（content）」以上に、その内容が生み出される背景や意図、感情といった目に見えない「過程（process）」に意識を向け、より深いレベルで「聞く」ことが求められる。

では、具体的にどのようなことを意識すればよいだろうか。ここでは3つを紹介したい。

①相手の話を受け入れ、共感する。

まず1つ目は、ただ黙って人の話を聞くのではなく、話している人が「ちゃんと理解されている」と感じられるように意識をしよう。例えば、話を聞いているときには、相手の目を見てうなずいたり、「へえ」「なるほど」といった相槌を打つことを心がけるようにする。こうして「あなたの話をちゃんと聞いているよ」というサインを送ることで、話し手は真剣に受け止められていると感じ、コミュニケーションが深まっていく。

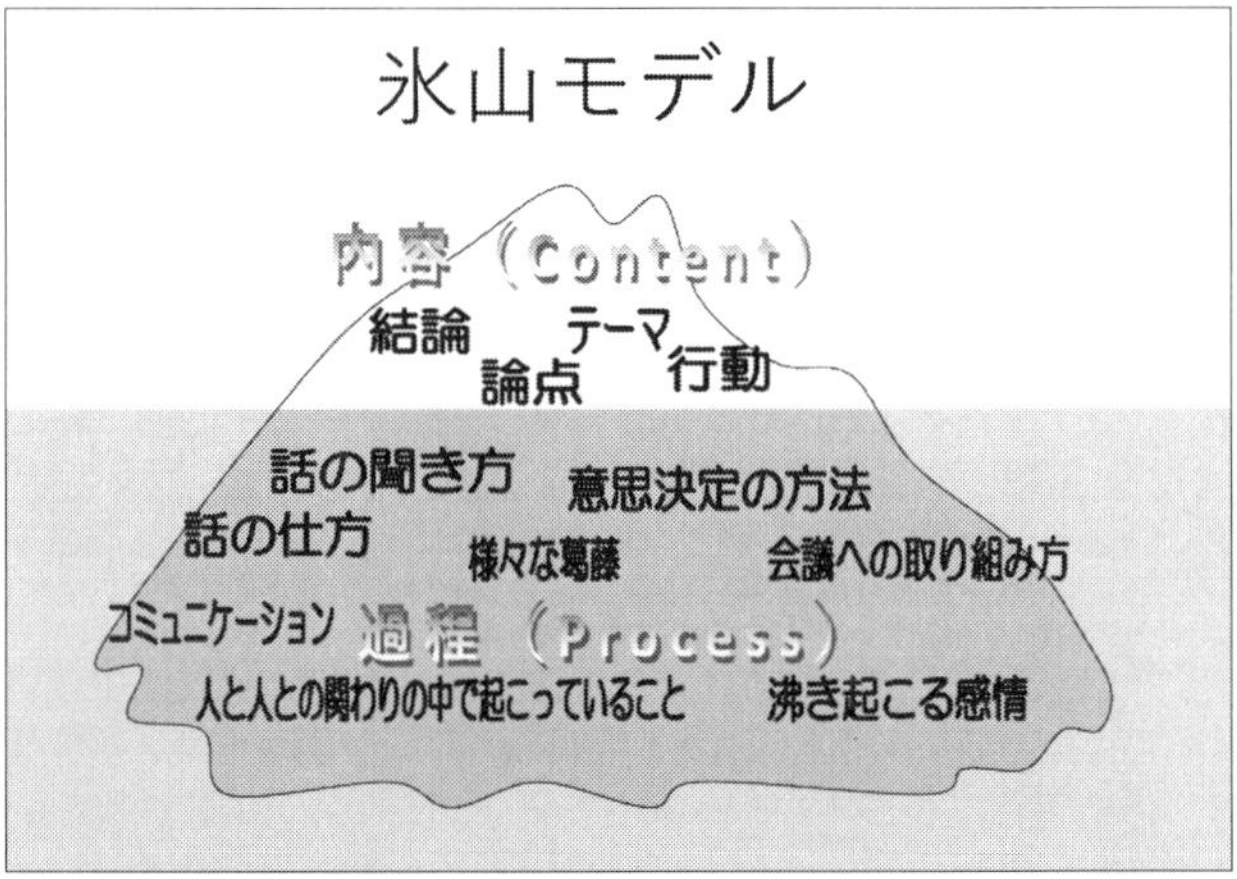

【氷山モデル】中村（2003）を元に筆者作成

②相手の気持ちや感情に寄り添う。

2つ目は、ただ話の内容だけに注目するのではなく、話し手の表情や声のトーンにも注意を向け、その情報から彼らが本当に伝えたいことを読み取ることに意識をしよう。ファシリテーターは、相手の気持ちや考えを察して、その気持ちに合わせた表情や身振り手振りなどで対応していく。相手の言葉を繰り返して会話を進めていく「バックトラッキング（オウム返し）」と呼ばれる手法を使って、「あなたの話、理解したよ」と伝えていくことも重要である。これによって、話し手は安心感を持ち、もっと自由に自分の考えを共有しやすくなる。

③問いかけや質問で、要点を確認し話を深める。

3つ目は、理解を示すために「それで、あなたは…と考えているわけですね？」のように話の要点をまとめて問いかけ、相手に確認を求めることに意識を向けよう。また、質問によって、より話題を掘り下げたり、広げたりすることで、相手から思いもよらない情報を引き出すことも重要である。

こうしたファシリテーターの「問い」のチカラは、グループやチームがより良い意見を広げたり、お互いの考えの理解を深めたりするうえでも、とても効果がある。特に、効果的な問いは「はい／いいえ」、「1番／2番…」など選択肢を与えることで容易に回答できるようなものではなく、オープンクエスチョンと呼ばれる、選択肢を与えない質問である。こうした開かれた質問により、グループやチームのメンバーはより深く考え、自分たちの考えを言語化し、より創造的な解決策やアイディアを生み出すようになる。

次に、その分類とともに具体例について紹介をする。

■ 参加者の意見を広げたり、相互理解を深めたりする問いかけ方法

問いかけの分類項目	具体例
Focusing (視点を与える)	・もし私たちが別の立場だったら、この問題にどう対処する？ ・この問題を解決することが、私たちの大きな目標にどう役立つ？　など
Information (情報を与える)	・なぜこの問題が起こったと思う？　何が原因だろう？ ・この件について、もっと詳しいことを教えてくれる？　など
Developing (発展させる)	・今話しているこのアイディアは、他のどんなことに関係している？ ・これがうまくいったら、他にどんないいことが起こりそう？　など
Assessing (考えを引き出す)	・これについて、あなたはどう思う？ ・この話の中で一番大切だと思うポイントは何？　など
Interpreting (活動を促す)	・では、次に私たちがするべきことはなんだろう？ ・これを始めるために、何が必要になるだろう？　など
Feedback (還元する)	・もっと簡単に言うと、どういうこと？ ・私たちが達成しようとしている具体的な目標はなんだっけ？　など
Terminating (橋渡しする)	・彼の言っていることと、あなたの言っていることの間に共通点は見つけられるかな？ ・さっきのアイディアとこれって、どうつながると思う？　など

※松本・馬場・森本（2015）を元に筆者作成

このように、ファシリテーターの「質問」は、ただの「確認」や「問い合わせ」などではなく、グループやチームのメンバーがもっと良い話し合いができるように、協力関係を築く手助けをすることにあることを理解してほしい。

3 フェアネス

フェアネスとは、中立性の保持を指す。ファシリテーターとして中立性を保つということは、全てのメンバーが平等に扱われ、安心して本音で話すことができるようになる。このスキルは、ファシリテーター自身の考えや好みを出さず、誰の意見にも偏らず、公正な立場を意識しなければならない。また、特定の意見に偏らないように議論を進め、全員が話に参加できる機会を提供することも重要だ。

ここでは、グループやチームにおけるフェアネスを実現するための具体的な方法について紹介をしていく。

①グラウンドルール（Ground Rule）

グラウンドルールとは、グループやチームでの活動の初めに、参加者全員が守るべき基本的な約束事の設定をしておくことである。ファシリテーションやワークショップの第一人者である中野民夫は、ワークショップにおけるグラウンドルールとして、OARR（オール）というフレームワークを提唱している（下図、参照）。こうしたルールを全員が遵守することによって、メンバー全員が気持ちよく、効率的に活動に参加できるようになる上、ファシリテーター自身も、そのルールに則って公正に進行をすることができる。

②トーキングオブジェクト（Talking Object）

トーキングオブジェクトとは、話し合いや会議の場において、順番に話をする際に用いられるアイテムのことで、このオブジェクトを持っている人のみが話す権利を持ち、他の参加者は話を聞くというルールに従う。

オブジェクトは、例えば、ぬいぐるみ、石、ボール、ペン、または特定のシンボリックな物体など、手に持てるものなら何でも良い。使用方法はシンプルで、オブジェクトを持っている人が話し、他の参加者は静かに聞く。そして、話し終わったら、オブジェクトを次の人に渡していく。これによって、発言者が中断されることなく、自分の意見や感情を落ち着いて伝えることができる。

トーキングオブジェクトを使うことで、参加者に等しく発言の機会を与えたい場合や、話すことが苦手な人、普段あまり発言しない人が安心して

フレームワークOARR（オール）

O（Outcome）……	**結果**：その活動によって到達すべき具体的な目標や成果、影響
A（Agenda）……	**議題**：話し合うべきトピック、議論すべきテーマ、全体の予定
R（Roll）…………	**役割**：メンバー個々人がグループやチームのなかで果たすべき機能
R（Rule）…………	**規則**：グループやチームの秩序や一貫性を保持する為、従うべき行動の基準、制限

※中野（2017）を元に筆者作成

意見を共有できるようにする助けにもなる。そして、誰か一人が独占的に話を進めることを避け、対話を通じてより深い理解や合意形成を目指すためのファシリテーションツールとして役に立つ。

③ファシリテーショングラフィック (Facilitation Graphic)

ファシリテーショングラフィックとは、ミーティングや会議、ワークショップなどにおいて、話し合いの内容を視覚的に表現する方法である。具体的には、メンバーどうしが話し合っている内容を、ファシリテーターが文字やイラストなどを使って、模造紙やホワイトボードなどにわかりやすく描いていくスキルのことで、話し合いの論点や大切な点、アイディア、流れなどを、メンバー全員が見える形に正しく落とし込んでいくことが求められる。

ファシリテーショングラフィックを使うことで、メンバーは話された内容を、ビジュアルとしてより分かりやすく理解することができる。また、複雑な議論やアイディアも、グラフィックを見ることでシンプルになり、全員が同じ理解を共有しやすくなる。そして、会議が終わった後も、これを見れば、何が話されたかを振り返ることができるので非常に便利である。こうした視覚的なツールを通じて、話し合いをきちんと記録しておくことが、チームやグループ内におけるファシリテーターへの信頼を築き、公平な意思決定プロセスを促進する。

4 プログラムデザイン

効果的なファシリテーションには、集まったメンバーが最も効率的に目標に向かって動けるように、話し合いの流れをうまく構築し管理する能力が求められる。これをプログラムデザインという。例えば、議論を始める前に、目的やゴールを明確にすることはもちろん、会場をどこにするのか、どのように時間を配分するか、どのトピックから議論を開始し、どのように結論を出すかなどといった、段取りを考えることも必要だ。場合によっては、小グループでの作業や個人ワークなどといったテクニックを使うこともある。適切な流れによって、全員が参加しやすく、意見が平等に扱われ、集団としての目標達成に向けて全員が協力して進むことができるように、プログラムは計画されていなければならない。

①場づくり

場づくりとは、メンバーが互いにコミュニケーションを取りやすく、創造的に活動できるように場を整えることを指す。ここでは、メンバー間の交流や情報の受け取り方に大きな影響を与える席のレイアウト形式について、その特徴とともに理解をしてもらいたい。それぞれが持つ特性を踏まえて、目的に合わせてレイアウトを選ぶことが重要である。

■ 場づくりのデザイン（机や椅子のレイアウト）

【サークル型】	【劇場型】	【扇形】
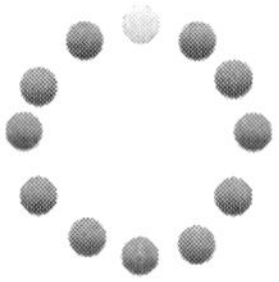	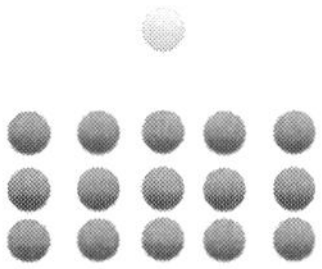	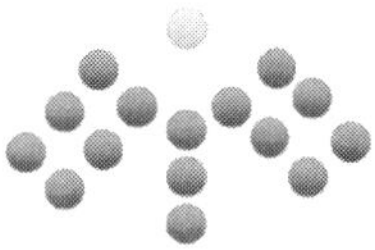
・席が円または楕円を描くように配置。 ・椅子だけの席の為、親密性が高まる。 ・全員が等しく参加するオープンな討議に適する。	・椅子が列に並び、参加者が一方向に向く為、大人数に向けたプレゼンや講演会に適する。 ・参加者間のやり取りは限られるが、集中して情報を受け取ることが可能。	・U字型や半円型の配置。 ・講義とディスカッションが混在するセッションなどに適する。
【スクール型】	【ロ型】	【アイランド】
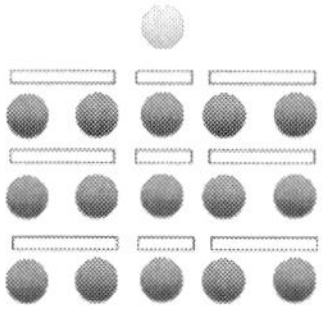	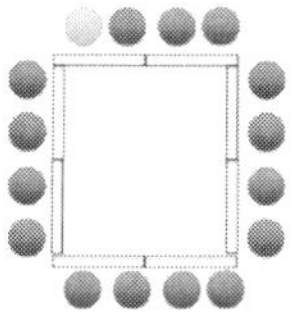	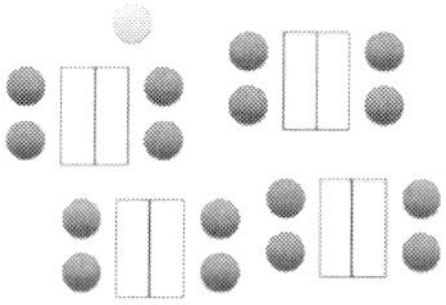
・並列に机と椅子が配置され、全てが前方を向く。 ・伝統的な講義やプレゼンテーションに適しており、メモ取りや個人作業に最適。	・参加者が正方形の外側に沿って座り、真ん中のスペースは空けられる。 ・参加者は向かい合わせになりやすく、視覚的にもコミュニケーションが取りやすい環境。	・小グループごとにテーブルを設け、その周囲に椅子を設置。 ・ワークショップやグループ作業に適する。 ・参加者が小グループ内で意見交換や協働をしやすい環境。

※中野（2017）を元に筆者作成

■ プロセス設計モデル

	時間	目的	活動
起	○：○～○：○	参加者の関心を引き、目的と流れの明確化	・自己紹介やアイスブレイクを通じたリラックスした雰囲気づくり。 ・目的と全体の流れの提示。 ・グラウンドルールの説明と合意。 など
承	○：○～○：○	テーマに沿った基本的な情報の提供と、メンバーの関与の深化	・知識のインプット（前提条件の確認やこれまでの議論の振り返り） ・具体的な課題や事例の提示。 ・参加者の経験や考えを共有するための意見交換。 など
転	○：○～○：○	メンバーどうしが新たな洞察を得たり、具体的な実践に移すためのプロセス	・実践的なアクティビティやグループワーク。 ・新たなアイディアや解決策の創出の為のディスカッション。 など
結	○：○～○：○	成果をまとめ、メンバーどうしで得た気づきを活動に活かすためのステップを提供	・グループディスカッションを通じた学びの共有と振り返り。 ・アクションプランの作成や、次への移行の明確化。 など

筆者作成

限られた時間のなかで、きちんと成果を上げるためには、漫然と話し合いを進めていくのではなく、目的に向かって効果的な気づきや創造がおこりやすいようなプロセスを、会議や話し合いの趣旨・ねらいに応じて設計し、組み立てておくことが重要となる。プロセスの設計には、「起・承・転・結」の4つのフェーズに分けて、それぞれの目的と活動を明確にすることを意識することで、メンバーは段階的にテーマに深く関わるようになり、効果的に且つ効率的に実際の活動に向けた話し合いを進めることができる。

【参考文献】

・松本朱実・馬場敦義・森本信也（2015）「動物園における小学校の理科教育との連携の試み 対話的な学習を通した指導の試み」理科教育学研究 Vol. 56（1）

・中野民夫（2017）『学び合う場のつくり方 本当の学びへのファシリテーション』岩波書店

・中村和彦（2003）「グループ・ファシリテーターの働き」津村俊充・石田裕久編『ファシリテータートレーニング』ナカニシヤ出版

第5章

企画の立て方
――ボランティアの先駆性・創造性を発揮するために

川田　虎男

1 ボランティアにおける企画の必要性

ボランティア活動にいち参加者として関わり、決まったプログラムを継続的に実践している限りにおいては、「企画を立てる」という認識にはならないかもしれない。では、企画はどのような場面で求められるのだろうか。それは、今関わっている活動のなかでの疑問や問題意識、新たな課題に出会ったときかもしれない。例えばゴミ拾いの活動を続けるなかで、「どうすればゴミのポイ捨てをなくせるのか？」との問題意識を持った場合、これまでのようにゴミを拾い続けるだけでは達成できないことに気づく。「ポイ捨てをやめるよう呼びかける」「多くの人にゴミ拾いに参加してもらい意識を高めてもらう」「ポイ捨て禁止条例を作るために行政に働きかける」等、多様なアプローチが考えられるが、それらの新しい試みにチャレンジする際には企画を立てる必要があるだろう。また、新しい社会課題に挑戦したい！という思いで活動をする際にも「誰に対して何を行うのか？」等を明確にするうえで、企画書を書くことが役に立つだろう。その場合、「企画を立てる＝新しい団体を立ち上げる」ということにもつながっていく。さらに、助成金を獲得するために事業計画書を書かなくてはいけないという場面に遭遇することもあるかもしれない。この助成金申請に必要な「事業計画書」とは実質的に「企画書」と同様のものである。

ボランティアとは一般的に、社会への貢献を自発的かつ無償で取り組むものであると考えられている。また、自発的に取り組むが故に結果的に他の誰も取り組んでこなかった「先駆的・創造的」な活動を生み出すことにもつながる。筆者は、この活動の先駆性・創造性こそボランティア活動の魅力であり醍醐味の一つであると考えている。学生ボランティアにおいても、自分の立てた企画が実現したときの達成感や感動は別格である。読者の方々にもぜひ「自分がいたからこそできた企画」「ゼロから思いを形にする企画」を立て、実現していただきたい。本章では、そのための実践スキルを提供したい。

2 よい企画を立てるうえで必要な3つの視点

自分にあった良い企画を考える際には「(自分の)やりたいこと」「(自分の)できること」そして、「社会が求めていること」の一致点を探すとよいと言われている。これは、自分にあったボランティアを探す際にも参考になる視点である。さらにいえば、この3つの視点が重なるものが仕事になるならば、それは天職と呼べるかもしれない。

多くの場合、社会の課題を解決するための方法を考えるなかで企画を立てていくことになる。しかし、「自分たちの趣味や特技を活か

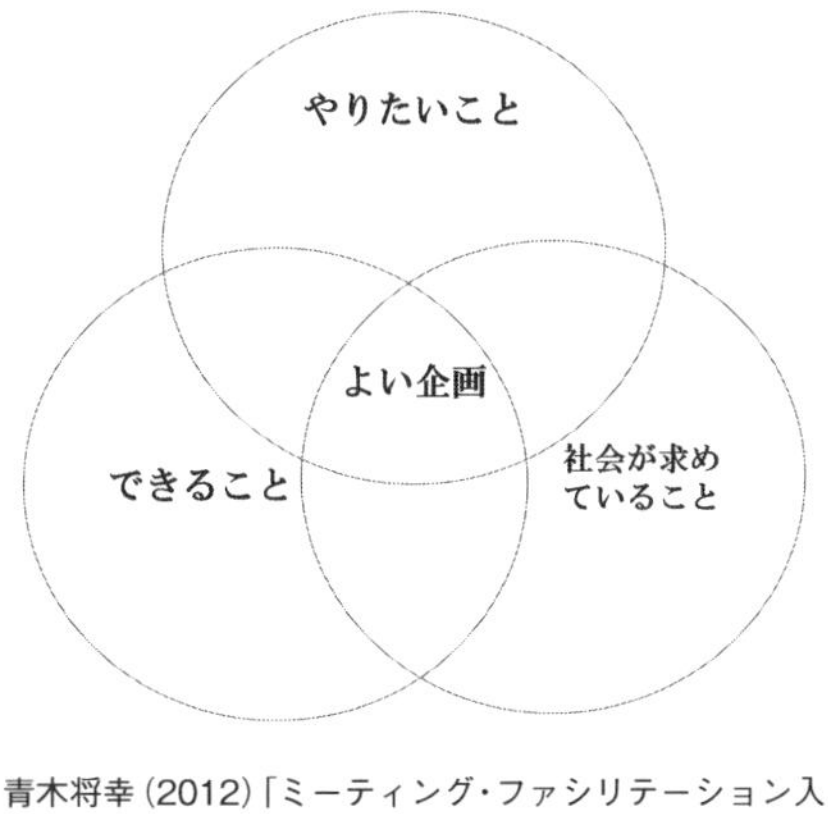

青木将幸(2012)「ミーティング・ファシリテーション入門」ハンズオン埼玉出版部を参考にして筆者作図

したい！」という「やりたいこと」「できること」を中心に、社会の課題とつながることで新たなる企画や活動が生まれてくることもある。どちらにしても、この3つの一致点を探すことが、企画を立てるうえでのスタートになる。

3 実際の企画づくり

①企画のアイディア出し「ブレインストーミング」

企画のテーマが定まったら、次は企画のアイディア出しとなる。その際によく活用される手法がブレインストーミングである。次のルールに則り、参加者で様々なアイディアを出していくことになる。

《ブレインストーミングのルール》

①他人のアイディアへの否定・批判は絶対にしない
②質より量。ひたすらたくさんのアイディアを出していく
③できる・できないはひとまず置いておく

④他人の出したアイディアへの相乗りもOK

筆者の場合、これらのルールを説明したうえで「『お金は無限大、時間も無限大、人もいくらでも協力してくれる』ことを前提に、どんなことができるかを考えてほしい」と投げかけている。企画のアイディア出しは慣れていないと「今の自分たちにできること」という制約のなかだけで考えてしまい、無難だが面白みに欠ける企画に陥りがちである。アイディア出しの段階では、実現できる・できないは、いったん置いておき、あらゆるアイディアを持ち寄る努力を心がけたい。

筆者作図

②実現する企画のアイディアを絞っていく

多くのアイディアが出されたら次のステージは、そのアイディアのなかから具体的に実現していく企画を絞っていく作業となる。絞り込む際には、当初のよい企画を考える際の3つの視点に立ち戻る必要がある。すなわち、「（自分の）やりたいこと＝特に自分たちが情熱を注げる企画はどれか？」「（自分の）できること＝

実現性があるものはどれか？」そして、「社会が求めていること＝社会にとって意義の高い企画はどれか？」の視点からアイディアをチェックしていくことになる。それらの視点を持ったうえで絞り込む方法も多様だが、一番単純なものでは、出たアイディアについて意見交換をしたのちに参加者で投票するというやり方もある。ここでは、話し合いをしながら自分たちのやりたい企画を絞っていく手法について紹介したい。

模造紙等を活用し、下の図のような軸を引く。そのうえで、これまで出てきたアイディアを上下・左右の軸と照らしながら配置していくことで、そのアイディアがどのくらい社会的意義があるか、また自分たちのやりたいことかを確認していくことができる。最終的に、どちらの要素も兼ね備えた、右上の部分に配置された企画アイディアのなかで、特に実現性の高いものが具体的な企画案として練り上げていく元となっていく。また、この過程で様々なアイディアを統合していくことも可能である。

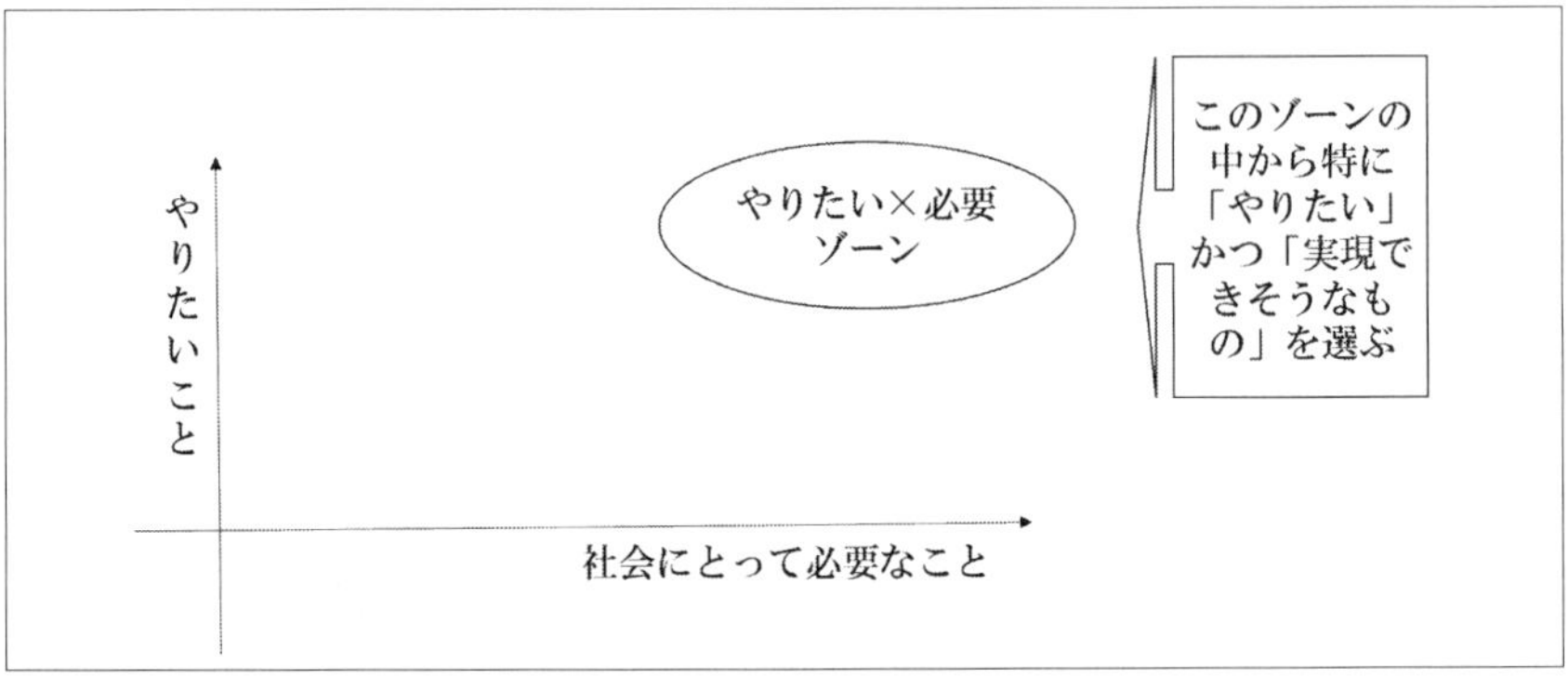

筆者作図

③企画書を作成する

具体的なアイディアが定まってきたら、次はその企画のアイディアを「企画書」に落とし込んでゆく。企画書を作成する目的の1つ目は、これまでメンバー内で議論してきた内容を文章化することで共通認識を持つことである。文章を作成するなかで、互いの思いのずれに気づいたり、実現するには詰めが足りていない点等に気づくことができるだろう。また、企画書を作成する目的の2つ目は、企画メンバー以外の人にも自分たちがやろうとしていることを理解してもらうことである。特に助成金の申請書などは、外部の人たちに自分たちのやっていることを理解してもらい応援（助成）をしてもらうためのPR資料となる。そのため、自分たちの活動のことを一切知らない助成金を審査する人たちにも、自分たちの企画に共感を得られるように作成することが求められる。

では、企画書とはどのようなものだろうか。様々な形式があるが、まずは以下の図に示した質問に答えていくと、他者にも理解しやすい企画書の骨組みを作ることができるだろう。直接書き込める「企画書の基本様式」も掲載するので、活用してほしい。

Why	なぜその企画を行うのですか？（背景、目的、思い）
Goal	その企画の目標は何ですか？（達成目標・成果）
What	具体的に何を行うのですか？（実施内容）
How	どのように行うのですか？（方法）
Whom	誰に対して行うのですか？（対象者）
When	いつ実施しますか？（実施日時・準備期間）
Where	どこで実施しますか？（場所、会場）
Who	誰が実施しますか？（主催、共催、協力、後援など）
How much	企画を実現するためにいくらかかりますか？（事業費）

筆者作図

企画書の基本様式

企画のタイトル		
Why	なぜその企画を行うのですか？ （背景、目的、思い）	
Goal	その企画の目標は何ですか？ （達成目標・成果） ※企画を実現すると具体的に起きる変化	
What	具体的に何を行うのですか？ （実施内容）	
How	どのように行うのですか？ （方法）	
Whom	誰に対して行うのですか？ （対象者）	
When	いつ実施しますか？ （実施日時・準備期間）	
Where	どこで実施しますか？ （場所、会場）	
Who	誰が実施しますか？ （主催、共催、協力、後援など） ※中心メンバーは誰か？本番の手伝いを誰にお願いするか？	
How much	企画を実現するためにいくらかかりますか？ （事業費・収入見込み・参加費等） ※何にいくら掛かるかを具体的にした上で、その資金をどう確保するか？	

筆者作成

企画したメンバーでこの様式の項目を埋めていくと、自分たちのやりたいと思っていることがかなり具体的に固まってくるはずである。しかし、先程も触れたとおり、企画書の目的は企画メンバーの共通認識を作るということの他に、企画者以外の人たちが「企画書を見て、何がやりたいかが理解できる」ことが重要である。そのため、企画メンバー内では良くできたと思っていても、つい身内にだけわかる表現や自分たちよがりな内容になっていることも考えられる。そこで、企画書のブラッシュアップをしていくことになる。具体的には、活動に関係のない友人等に客観的な視点でチェックをしてもらい感想をフィードバックしてもらうことで誰にでも伝わる企画書に修正・改善していくことができる。うまくいけばその過程で新たな仲間を獲得することにもつながるだろう。

④企画の実施

企画書が完成したら、いよいよ企画の実現に向けて動き出すことになる。企画書に沿って、会場の確保、予算の確保、仲間の確保等一つ一つ進めていくことになる。当然、当初の企画通りにはいかないこと

【タスク管理表の例】

何をやるのか？	いつまでに？	誰が？	3月5日現在の進捗状況
バナナを買ってくる	3月1日までに	久米さん	実施済
リンゴを買ってくる	3月20日までに	志塚さん	未実施
先生に協力を取り付ける	4月1日までに	甲野さん	先生と交渉中
寄付を10万集める	3月1日までに	川田さん	未達成（現在10円）
仲間を10人集める	4月1日までに	岡さん	現在5人ゲット！！
チラシを作成する	3月5日までに	皆川さん	チラシ完成！
会場を確保する	3月1日までに	関根さん	会場確保済

筆者作成

も多々起きるが、その都度柔軟に対応していくことが求められる。その際には、「誰が、いつまでに、何をやるのか?」というタスク管理表を作成し、定期的にその進捗を確認していくと良いだろう。

⑤PDCAサイクルで改善の循環を作る

企画が終わったらまずは「ゼロから何かを生み出した」その達成感を仲間たちと共に味わってもらいたい。企画を提案する人がいなければ生まれなかった活動であり、世界で一つだけの活動である。苦労も味わうが、きっとそれ以上の感動があるはずだ。

企画が終了したらそれで終わりではない。むしろ、次に向けてよりよい企画にしていくためには、活動後の振り返りが重要になっていく。特に①企画の目的で達成できた点は何か?②今後に向けての課題や改善点は何か?について、振り返ることで、次の企画づくりにつながっていく。ＰＤＣＡサイクルは、企画をより良いものにしていくための手法の一つである。「①Plan（計画）⇒②Do（実行）⇒③Check（評価）⇒④Action（改善）⇒①Plan（計画）⇒（繰り返し）」というように「計画をして実行し、実行した内容を評価したうえで改善をし、次の計画を立てる」というように循環させていくことで、企画を実施

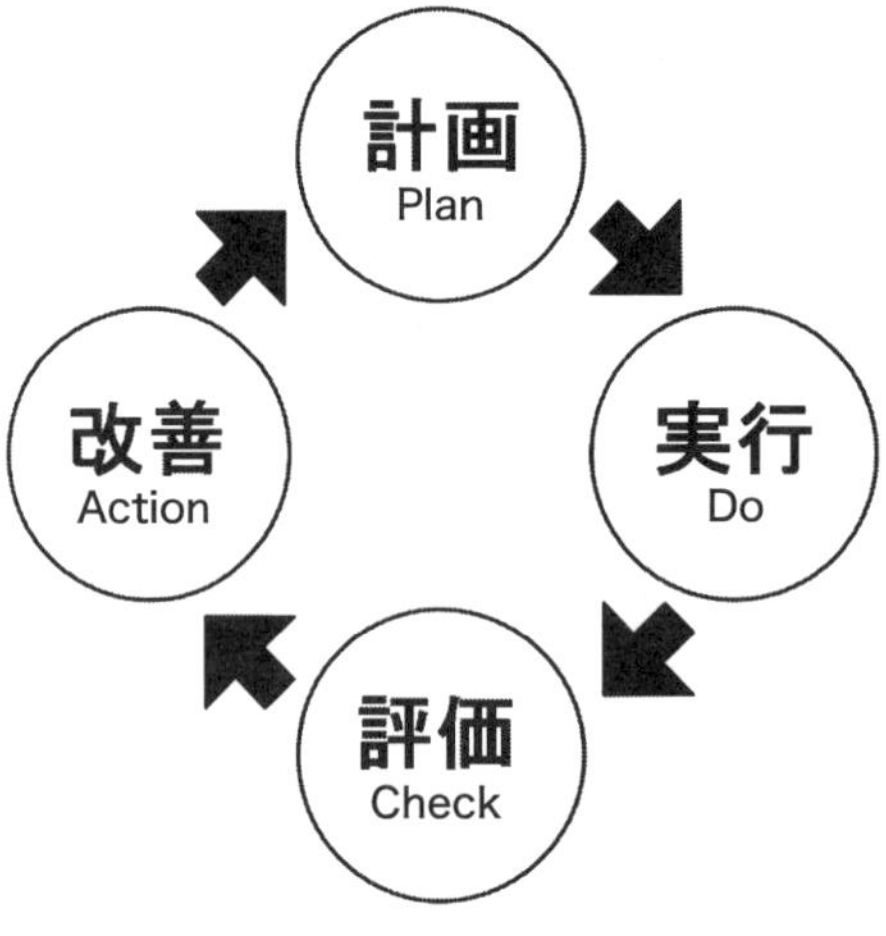

筆者作成

することに改善・レベルアップさせていく営みとなる。今回の流れに対応させると、「①Plan（計画）＝企画書の作成」⇒「②Do（実行）＝企画の実施」⇒「③Check（評価）＝企画実施後の振り返り」⇒「④Action（改善）①Plan（計画）＝課題をもとに改善策を取り入れた新たな企画を立てる」という流れとなる。この循環がうまく回っていくと、自分たちのアイディアから生まれた企画が、継続性を持ちつつ絶えず新しい企画として生まれ変わっていくことになる。

学生時代であれば、１つの企画を生み出し実現するだけでも大きなエネルギーが必要であるため、継続性というところまでは至らないかもしれないが、自分たちが必要だと考え生み出した企画だからこそ、自分たちがいなくなった後の継続性についても一度考えてみてもらいたい。

第6章

プレゼンテーション
——より多くの人の共感を得るために

志塚　昌紀

1 プレゼンテーションとは？

ボランティア活動は、多くの参加者や協力者を得るために、あるいは寄付者やスポンサーから資金提供を促すために、自分たちが目指しているものや取り組んでいることなどを、「相手に伝える」ということがとても重要である。しかし、この「相手に伝える」ことに苦手意識を持つ人も多いのではないだろうか。例えば、緊張してしまって趣旨とまったく関係のないことを言ってしまった。自分は一生懸命話しているつもりなのに全然相手に伝わっていない。注目を恐れて頭が真っ白になってしまった。プレゼンテーションスキルは、そんな苦い経験や嫌な過去を払拭する大きなチカラになることだろう。なぜなら、プレゼンテーションは、「限られた時間や環境のなかでも、的確な言葉や表現を用いることで、相手に対して理解、納得させることができるチカラ」だからである。

なんだか難しそうだなぁ……、と思う人もいるかもしれない。でも安心してほしい。プレゼンテーションを身につけるための、必要な知識や具体的なスキル、コツは、誰でも手に入れることができる。そして、上手くなるポイントさえ掴めばグングン上達をしていく。

本章で紹介する、様々なプレゼンテーションのスキルやテクニックを理解し、毎日のように練習をしてみると、たとえ、苦手意識を持っている人でも、気が付けば、得意満面に堂々と人前で話せるようになっていることだろう。

2 言葉と表現

プレゼンテーションは、「的確な言葉や表現を用いること～」と先程も説明した。しかし、言うのは簡単だが、これがなかなか難しい。例えば、お互いの言葉の理解が違うために、言葉が思ったように伝わらなかったり、他の人がどのように考えていたり、思っていたりは関係なく、自分の解釈だけで話をしてしまったり。相手に対して、好きとか嫌いとか、信用ができないなどといった、個人的な感情があるため、額面通りに言葉を受け取れなかったり……。

では、的確な言葉や表現を選ぶためには、どのようなことを意識すれば良いだろうか？

(1) 言葉の選び方について

まずは、言葉の選び方について、以下に4つのポイントにまとめる。

①話の内容に入る前に、予告をする

「結論から先に言うと……」というように、伝えたいことを先に言っておいたり、「はじめに何が起きたのかを説明すると」というように、出来事を先に言ったり、予告をすることで、聴き手は、話を聴くための頭の

準備をさせておくことができる。

②ポイントを整理して話す

「理由は3つあります。1つ目は……、2つ目は……、3つ目は……」というように、ポイントを提示したり、「まず最初に、次に、最後に……」というように、流れを順序立てて説明をしていくことで、聴き手は、頭を整理しながら、話を聴くことができる。

③具体的に話す

量や、時間や長さといった数で表せるものや、形や五感などを活用することで、聴き手は、頭のなかに具体的なイメージを持って話を聴くことができる。

④曖昧な表現を避ける

~くらい、とか、多分~、とか、~と思う、~はずといった表現を、なるべく使わないようにする。すると、聴き手は、より事実性のある、説得力のある、納得できる話として聴くことができる。

⑵ 表現の方法について

次に表現の方法について説明をしていく。

人間は、言葉の内容や意味といった「言語情報」、声の大きさ・トーンといった「聴覚情報」、見た目や態度や視線といった「視覚情報」の3つから情報を得ていると言われている。アルバート・メラビアンの研究成果によると、その内55%が「視覚情報」から情報を得ているということが明らかになった。つまり、全体の半分以上を占めるのが視覚情報ということは、何かを伝える際、どんな内容を伝えるのか以上に、どう伝えるかが重要な鍵を握るということである。

では、具体的にどのような見た目を意識すればよいのか。ここでは、姿勢、視線、表情の3つについて説明をする。

①姿勢

意識してもらいたいポイントは、顔・背筋・身体・足腰の4つである。顔は、あごを少し引き気味にすることを意識する。あごが上がっていると、なんだか相手を見下しているような感じになり、印象がよくない。次に、背筋はピンと伸ばす。そして胸を張ることを意識する。背筋が曲がっていて、猫背になっていると、なんだか自信がなくて、弱々しい印象を聴き手に与えてしまう。身体は、重心を真ん中に意識する。空からヒモで吊されているイメージを持つと分かりやすい。足腰は、下腹部にチカラを入れてしっかりと立つ。右足か左足の片方だけにチカラを入れる、いわゆる「休め」のポーズは相応しくない。

②視線

当たり前だが、台本原稿やパソコンにずっと視線を落として話を進めるのは禁止である。また、スライド資料などを投影している場合、聴き手を背にしてスクリーンに身体を向けているケースも見受けられるがこれも禁止。身体ごと、聞いている相手の方向に向けてほしい。視線の向け方のキーワードは「ワンセンテンス・ワンパーソン」。人は3~5秒、目が合うと「自分に語りかけてくれている」と意識するといわれている。日本語は、ひとつのセンテンスが5秒程度だと言われているので、センテンスごとに、一人ひとりに向かって話しかけるように目線を向けてみてほしい。

③表情

緊張感で強ばった表情は、聞いている相手も強ばってしまう。なので、表情はなるべく笑顔を心がけてほしい。しかし、なかなか笑顔を作るのが苦手な人もいる。そこで、自然な笑顔をつくるために日頃から表情筋をほぐすトレーニングが大事となる。

笑顔のポイントは、口元と目元と言われている。そこで口元は、なるべく口角を上げて、母音の「い」の形にするように意識してほしい。そして目元は、三日月型になるように意識しよう。鏡などを見ながら、自分の笑顔をどう作れば良いのか、チェックすることも重要である。

聴き手は、自分を映す鏡だと言われている。自分が、どんな言葉遣いで、表現の仕方で、態度や表情で、話をしているのか、聴き手をみるとよくわかるはずだ。なぜなら、話し手の言葉や表現は、聴き手の気持ちに強く影響するからだ。しかし、こうした事柄は一朝一夕でできるようになるものではない。なので、これまでの内容を振り返って、日頃からのトレーニングに活かしてほしい。

3 構成

プレゼンテーションは話の構成が論理的であることが不可欠である。「構成が論理的」などというと、難しく考えてしまう人もいると思うが、「話の流れや、考えの組み立て、あるいは形式といったものが十分な状態」だと理解してほしい。こうした話の構成は、「起・承・転・結」、「序・破・急」など様々あるが、プレゼンテーションで使われるのは、伝えたいことをシンプルに表現できる「序論・本論・結論」という3部構成であると覚えてほしい。同時に、「主張・論拠・データ」の3つのポイントがしっかりと抑えられていることも、話をつくる上では欠かせない。

では、具体的に、「序論・本論・結論」に「主張・論拠・データ」を、どのように組み込んでいけばよいのか、見ていこう。

【論理的な構成に欠かせない３つのポイント】

1、主張
自分の意見や考えのことであり、聴き手に対して「何を伝えるのか」という点である。まさにプレゼンテーションの目的にあたる部分となる。

2、論拠
理由や根拠にあたる点である。主張に対して、「なぜならば」と説明をしていく部分であり、ここがないと、聴き手の納得を得ることはできない。

3、データ
客観的な数値や事実のことであり、論拠を補う「どのように」を伝えていく部分となる。データを明示できることで、聴き手の納得や説得を高める、非常に大事なポイントになる。

筆者作図

①序論

当たり前であるがスタートは、「あいさつ」からはじめる。これは定型的な謝辞を伝えるとともに、自分自身がどのような立場の人間なのかを明確にしてほしい。この「どんな人が」という点を明示することで、聴き手に対して、「あぁ、そういう背景の人が話をするんだ」という安心感や納得感を与える。そして、そのうえで、自分の主張を述べてほしい。何を伝えたいのかを簡潔に述べることが大事である。

②本論

本論では、主張に対する論拠とデータを述べる。言葉の選び方で説明したとおり、論拠は、「1つ目は……、2つ目は……、3つ目は……」というようにポイントを提示したり、「まず最初に、次に、最後に……」というように、流れを順序立てて説明をしていくことを意識してほしい。そして、論拠を補うデータは、説得力の高い、客観的な事実や数値を示すことが大事である。

③結論

本論の内容を踏まえて、ダメ押しのように、主張を再度、述べる。聞いている人が忘れない強い印象を残すことを意識してほしい。最後に、「ご清聴有難うございました」と定型的な言葉で結ぶ。

4 声

みなさんは、打ち合わせや会議のダラダラした話を聞いて、全然頭に入らなかったような経験はないだろうか。あるいは、ボソボソとした話し方をする先生の授業で、なんだか瞼が重くなってきた経験がある人もいるかもしれない。なぜ、ダラダラ、ボソボソと聞こえてしまうのだろうか。全然、聴く気が起きなくなってしまうのだろうか。その原因は、ずっと同じ調子で変化の乏しい話は、ポイントが掴みにくいから。せっかく良い話をしていてもこれではもったいない。

そこでまず、以下の声の要素を、まずは理解してもらいたい。

【5つの声の要素】

1、声量 ……	声の大きさ	
2、音高 ……	声の高さ、抑揚	
3、声色 ……	声の音色、口調	
4、ペース …	話の速度、スピード	
5、間 ………	話のテンポ、空白	

鴻上(2012)を元に筆者作成

では、この5つの声の要素を意識して、どのように声を使っていけばよいか、ここから詳しく見ていく。

①大きな声と明瞭な言葉を意識

声はなるべく大きく、張りのある声のほうが、エネルギッシュで自信にあふれた印象を与える。しかし、どうしても大きな声が出せないという人もいるはずだ。そんな場合は、大きな声を出すことを意識する前に、まず口を大きくあけることを意識する。人間は、大きな口をあけて小さな声は出せないので、自然と大きな声が出るはずだ。また、はっきりとした言葉を意識することも大切である。話がボソボソと聞こえる人の多くが、言葉の始まりと終わり、そして、「あ・い・う・え・お」、が、はっきり聞こえないことが多い。なので、言葉の接頭・接尾、母音をはっきりと言うことを心がけてみよう。

②話すスピードと声にメリハリをつける。

聴き手に伝わりやすい言葉のスピードは1分間に300文字と言われている。プロのアナウンサーやナレーターなども、この1分間に300文字を毎日訓練しているそうだ。この速さを1つの目安にしてみよう。そして、重要なメッセージのときは、速度を少し落とし、「ここが大事なポイントですよ」ということが言葉から相手にわかるテクニックを身につけることも大事である。また、声に抑揚をつけることも重要である。感情の入らない棒読みは、聞いていて、まったく胸にささらない。フレーズによってボリュームを変化させ、言葉に強弱をつけることで、聴き手に印象を与える工夫をしてみよう。

③間の取り方

間とは、何も話さない沈黙の時間のこと。間を取るのは、結構勇気がいることだが、この間をうまく使うことができると、聴き手に意識を集中させ、気持ちをぐっと話し手側に向けさせることができる。特に大切なことをいう前に1秒から3秒程度の間をとると効果的だ。

普段、自分の声に意識を向けて生活している人はそんなに多くないはずだ。ただ、プレゼンテーションの際は、ぜひ、自分の声に対して、意識を向け、自覚的に声を使ってほしい。

【参考文献】

鴻上尚史（２０１２）『発声と身体のレッスン』筑摩書房

① 姿勢

② 視線

③ 表情

第7章

振り返りと言語化
——意義や成果を認識し次の活動につなげるために

関根　由香里

1 振り返りと言語化とは

現在では災害時の被災地支援のボランティア、障害者や高齢者など他者をサポートするボランティアなど様々なボランティアが存在している。多くの方が自分の思いや興味・関心から参加することが多く、実際の活動に重きを置くことが多いだろう。本章では、その興味・関心から参加した実際の活動を「振り返り」、「言語化」を試みることについて触れる。

振り返りとは、リフレクションとも呼ばれ「出来事・結果」といった事実の振り返りや、「自分の行動」や「自分の内面」にも目を向けることで、次につなげたり、自分の成長のためにも大切であるとされる。

言語化とは、自らの体験や経験、そこから生じた感情などを整理して、他者に伝わるように言葉にすることである。特に直感といわれるような感情などを相手に伝える時に言葉にしなければならない。そのためには、直感であったとしてもその感情が生じた理由や背景などを整理する必要がある。他者に広めるという面からは次の活動につながるだろうし、自らが言語化をする過程で見つめ直す意味でも有効である。

では、この「振り返り」や「言語化」はどういう場合で求められ、どうして必要なのだろうか。みなさんも部活動等といった活動のなかで、大会が終わった後など、部員全員で集まり、試合の反省会をした経験がある方もいるだろう。ボランティアの振り返り・言語化も同様だ。ボランティア団体に所属し、初めてのボランティアを経験した場合。一生懸命活動した分、「もっとこうすればよかった……」「こんな達成感があった」という反省や気づきを得ることがあるだろう。その気づきを自分のなかで振り返り、言語化し、次に活かすことで、さらなるよりよいボランティア体験を得ることができる。

本章では、「振り返り」と「言語化」に向けた実践スキルを紹介したい。

2　振り返りの方法

私は、大学生のときに、２０１１年に発生した東日本大震災の被災地に関わる学生組織でのボランティア活動に取り組み、ボランティア団体を設立し、活動をしていくなかで、振り返りの重要性について学んだ。そんな私が取り組んできたボランティア活動は、「東日本大震災の被災地以外の地域での風化防止」を目的とした活動である。

その活動で行っていた振り返りの方法は、大きく分けて２つだ。１つ目は、定期的なミーティングのなかで、メンバーの発表を通じて活動を振り返ること。２つ目は写真展などのイベントに来場してくださった方の思いをアンケートなどで取得し、メンバー間で共有することだ。

① 定期的なミーティングでの振り返り

1つ目の「定期的なミーティングのなかで、メンバーの発表を通じて活動の振り返りをすること」について具体的な事例をもとに紹介していこう。私が所属していたチームでは、週に一度定期的なミーティングを実施していた。そのなかでは、今後の活動方針や年間スケジュールに沿った活動ができているかを共有し、イベント企画の進捗確認などが主だったが、そのなかで大切にしていたのが「ボランティア活動が終わった後のメンバー間での共有の時間」だ。

ボランティア活動終了から1週間後に必ずミーティングを設定し、活動のなかで良かったと思ったこと、嬉しかったこと、もっとこうすれば次よくなると思うこと、活動のなかで感じたことを項目ごとに3人~4人のグループをつくり、グループごとにまとめて全体に発表していた。

私自身の活動の振り返りで特に印象に残っているのは、陸前高田市に訪れ、実際に自分の目で被災地の現状を見て、地域の人と祭りのボランティアをしたときのことである。初めて陸前高田市を訪れたメンバーも多く、「今までは写真などでしか見ていなかった陸前高田市は、住んでいる人がいて、きれいな海がある街で、こんな街で起きたことを忘れたらいけないと思った」という振り返りや「実際の被災地の現状を見て、もっと被災地以外の多くの人にがれきが残っている現状を知ってもらうために、よりイメージが湧くイベントや写真展をしたいと思った。募金でももっと現状を訴えかけていきたい」という振り返りがあり、それをチーム全体で共有することができた。

この振り返りは、メンバーのモチベーションの向上にもつながり、その後の活動の企画でも、等身大の被災地を感じてもらいたいと「津波がどこまできたのか地図を作って再現し、現状を写真で紹介するイベント企画」などにもつながったのである。「良かった、悪かった」だけではなく団体ミッションをメンバー間のなかで共有し、モチベーションを高め、活動の士気を上げることにもつながったのである。

② アンケートなどを用いた振り返り

2つ目の振り返りとして「イベントに来場してくださった方の思いをアンケートなどで取得し、メンバー間で共有すること」について具体的な事例をもとに紹介する。前述したように、私が所属していたチームでは、写真展や体験型のイベント企画・運営にも取り組んだ。メンバーの振り返りはもちろんのこと、来場・参加した方のアンケートを、紙やインターネットのURLからアクセスして回答できるように取り組んだ。

この取り組みをした理由としては、チームメンバーだけではなく、参加・来場してくださった方の意見を通して、私たちが課題としている「東日本大震災の風化防止」という目的の達成につながっているのかを客観的に把握すること。そして、次回の企画立案、今後の活動に役立てる目的があった。なかには「被災地が未だにこんな状況だとは知らなかった。大変勉強になった」「陸前高田市に一度訪れてみたいと思った」という意見もあったが、「聞いてみたいことがあったが、気軽に聞ける雰囲気ではなく、質問がしにくかった」という意見や「もっと他の被災地の状況も知りたかった」などの要望が寄せられたこともあった。

このアンケート内容は、システムを使用して外部非公開にしたうえで、インターネット上で閲覧権限を付与されたメンバーのみが、閲覧できるようにした。しかし私は、あえて外部を除く全ての運営に携わるメンバーに権限を付与し、読めるようにした。アンケートに基づいた意見をもとに、次回のミーティングで課題を前もって共有することで、企画のブラッシュアップにもつながった。この振り返りでは、自分たちが良いと思っているものが、他者に対してどううつっているのか、どう影響を与えているのか客観的なデータからもわかる結果になった。

3 言語化の方法

① 言語化とは

言語化とは「考えを言葉に落とし込み、人に適切に伝える力」のことである。先程、振り返り方法について紹介したが、振り返りをするうえで、考えを言葉にして、人に伝える言語化はより重要な手段といえるだろう。言語化と一口に言っても、手段は様々に及ぶ。ここでは、実際の活動では、どんな手法を使って言語化していたか、言語化で得られるメリットなどを紹介したい。

②考えを言葉に落とし込み、人に適切に伝える力

私が言語化を意識して取り組んでいたことは、感想を付箋に書いてシェアしつつ、それを深掘りしていくという手法である。

例として、募金活動のボランティア活動をした後、振り返りのミーティングが開催されたとき。感想は個人個人で付箋に書いて、グループごとに発表していく。そのなかで、初めて参加したメンバーが良かったことを「活動に参加できて良かった」と書き、グループのなかでその感想を発表したときに一緒のグループだったメンバーが興味を持って「どの部分が参加できて嬉しかったの？」と聞く場面があった。そこから話が展開され、具体的な内容に落とし込まれていった。

最初の付箋に書かれた「活動に参加できて良かった」より、具体的に話を聞いたことで、回答をしたメンバーもより具体的に自分がどんな部分に対して嬉しいと思ったのかが明確になった。さらに、質問をした方も、話を聞いたことで、具体性が増し、メンバーどうしでの齟齬がない具体的な共有ができたことがわかるだろう。

この事例のような「言語化」のエピソードに基づくと「言語化」は、より他者と共有ができるだけではなく、「言語化」した本人の明確な振り返りにもつながることがわかる。そして、言語化にもう一つ大切なことは「解像度を上げる」ということだ。そのためには、話す側だけではなく、聞く側も相手の目線に立ち、相手がわかる言葉でイメージできるように伝えることが重要である。

まとめると、「言語化」とは「考えを言葉に落とし込み、人に適切に伝える力」のこと。さらに「解像度を

上げる」ため、話す相手がイメージできる内容にまで落とし込むことが大切である。しっかり「言語化」することで、自分自身への振り返りも明確になり、より活動へのモチベーション向上やブラッシュアップにもつながるものだ。

4 まとめ

私自身、前述のような方法で振り返り、言語化を意識していたが、そのなかで大切にしていたポイントは2つだ。1つ目は、個人で振り返る時間を持ちつつ、それを全体で共有する機会をもうけること。2つ目は、悪かったことを反省するだけではなく、ポジティブな内容も共有するということ。

① 個人で振り返る時間を持ちつつ、それを全体で共有する機会をもうける

まず個人での振り返りを実施して、その内容を2〜3人のグループに分けたり、人数が少ない場合は全体で共有するなどの方法をとる。まず個人で振り返りの時間をもうけることで、一人ひとりが自分の活動に向き合う時間がとれる。また、それを全体で共有することで他の視点も得ることができる。チームで活動して

いない方やチーム内での振り返りの時間がもうけられていない場合は、1人であってもボランティア活動後に振り返りをしてみてほしい。

② 悪かったことを反省するだけではなく、ポジティブな内容も共有する

振り返りというとどうしても「反省会」のような雰囲気になってしまうことも多いだろう。改善点ばかりを並べる振り返りもあるかもしれないが、ボランティアという側面で見ればポジティブな振り返りも必要である。なぜなら、ボランティアは「個人のモチベーション」や「解決したい社会問題」が活動の要因になっていることが多いからだ。その要因に対して、ポジティブにアプローチすることは活動の継続や楽しさにもつながるだろう。

振り返りの手法をまとめると、「定期的なミーティングのなかで、メンバーの発表を通じて活動の振り返りをすること」「活動に関わる第三者の意見をメンバーと共有すること」などの振り返り方法を取ることで、よりボランティア活動のモチベーション向上につながることがわかる。ボランティアに関する振り返りは「できなかったこと」「できたこと」だけではなく、自分の解決したい社会問題に対して、どう「達成感を持って取り組んだか」という面も大切であり、その部分を意識した振り返りをすることも重要である。

また、チームで振り返りをする場合には、フレームワークを使うことも一案である。特に有名なのが「第5章企画の立て方」でも触れているＰＤＣＡサイクルだろう。Ｐはプランであり、ボランティアのなかの活

動計画やミッションにあたる。Dは実行であり、具体的なボランティア活動。Cは評価。先程紹介した振り返り部分。Aは改善。Cの振り返りに基づいて、どう進めていくか考えることだ。ボランティア活動でもこのフレームワークを使って、よりよい活動を進めていくことが可能である。そのチームや活動に合った振り返り方法を考えながら、進めるのも大切である。

本章は、「次の活動につなげていく」ことを意識してチームで振り返り、言語化をすることを中心にまとめていったが、振り返りや言語化は、日頃の活動で「個人」でも行うことができる。そして、それは自らの気づきや学びになり、自らの成長にもつながることは言うまでもない。

チームで活動をしていると一つの社会問題に対して一丸となって取り組む一体感が生まれる。それは、活動を「振り返り」ながら、それぞれの思いを「言語化」して、チームメイト一人ひとりの思いをみんなで共有することで成り立っているのではないかと感じる。「振り返り」や「言語化」を通して、それぞれが成長し、よりよい次のボランティア活動につなげていってほしい。

第7章　振り返りと言語化 ──意義や成果を認識し次の活動につなげるために

第8章

広報・発信

——仲間を集め、理解者を増やすために

岡　秀和

1 ボランティアと広報・発信

自分がとても魅力的な活動をしている、あるいは社会的に意義のある取り組みをしているのに、仲間が増えない、自分たちの活動が応援されないという悩みに直面することはないだろうか。

筆者は関西学院大学のボランティアコーディネーターとして学生がボランティアを始めるきっかけづくりに取り組む傍ら、筆者自身もボランティアに取り組むなど、いくつかのボランティア団体に所属して活動している。いずれの活動でも、仲間や理解者を増やすために広報・発信していくことの重要性を感じている。発信をしなければ、活動は内向きになってしまい共感が得られず、自己満足になり、人や思いが集まらずに停滞してしまう恐れがある。

では、内向きにならず共感を生み出すためには、どのような広報・発信をすれば良いのだろうか？本章では、ボランティアに関する調査結果を参考にしながら、広報・発信の初心者でも工夫ができる具体的なアプローチについて、いくつかポイントをあげながら考えていくことにする。

2 広報や発信に関する3つのテーマ

本章では広報や発信について、次の3つのテーマをもとに考察をしている。

(1) 仲間を集める　～〟このゆびとまれ〟に集まってもらえる存在になろう～
(2) 理解者を増やす　～〟推し〟てもらえる存在になろう～
(3) どのような手段で発信するか？　～デジタルvsアナログ？～

(1) 仲間を集める　～〟このゆびとまれ〟に集まってもらえる存在になろう～

仲間を増やすことは、活動を広げ、深め、継続するためにとても重要だ。特に大学生の場合、活動の区切りとなりやすい卒業という大きな機会が巡ってくるので、最長でも4年ほどしかボランティアグループに在籍ができず、思い入れがある活動であっても継続することが難しいという課題に直面する。しかし下級生で活動を継続してくれる仲間がいれば、グループの解体や活動の停止という事態に陥らずに済む。また多様な視点、多様な背景を持つ仲間と活動ができれば、それぞれが得技を活かし合い活動の幅を広げることができ、より深く分厚く活動が展開できる。そのためにも〝このゆびとまれ〟と発信したときに、関心を持ってもらえるような発信を考えたい。

〝このゆびとまれ〟の広報・発信に重要な要素として、３つのポイントを挙げてみた。

①何をしているのか（向き合う課題や解決に向けての取り組み）、何が得られるのか（自分にとっての意義）を伝える

図１によると、ボランティア活動への参加の妨げとなる要因として「ボランティア活動に関する十分な情報がない」（40・８％）という結果が出ており、どんな人たちがどのような活動をしているのか、自分がかかわることで何ができるのかなどの情報の絶対量が不足していることが考えられる。対応策として、自分たちが行う活動ではどのような課題と向き合い、どのような解決策で取り組んでいるのかを示すことが重要だ。加えて、具体的にどんな場所で、どのような方法で、どんな人たちが活動しているのかを表現すること、活動によって成し遂げられていることが何かを伝えることがポイントになる。

また図２によると、活動に参加した動機として「自分の成長につながると思ったから」（45・４％）の割合が最も高く、ついで「さまざまな人と関わりたかったから」（28・５％）、「楽しそうだったから」（26・７％）「関心のある分野や社会問題の現場を見たかったから」（26・２％）などの割合が高くなっている。つまり、活動そのものの意義だけでなく、その活動に取り組むことで自分自身に得られる価値が明確に伝われば、それを求めて活動に参加すると考えられる。

図1

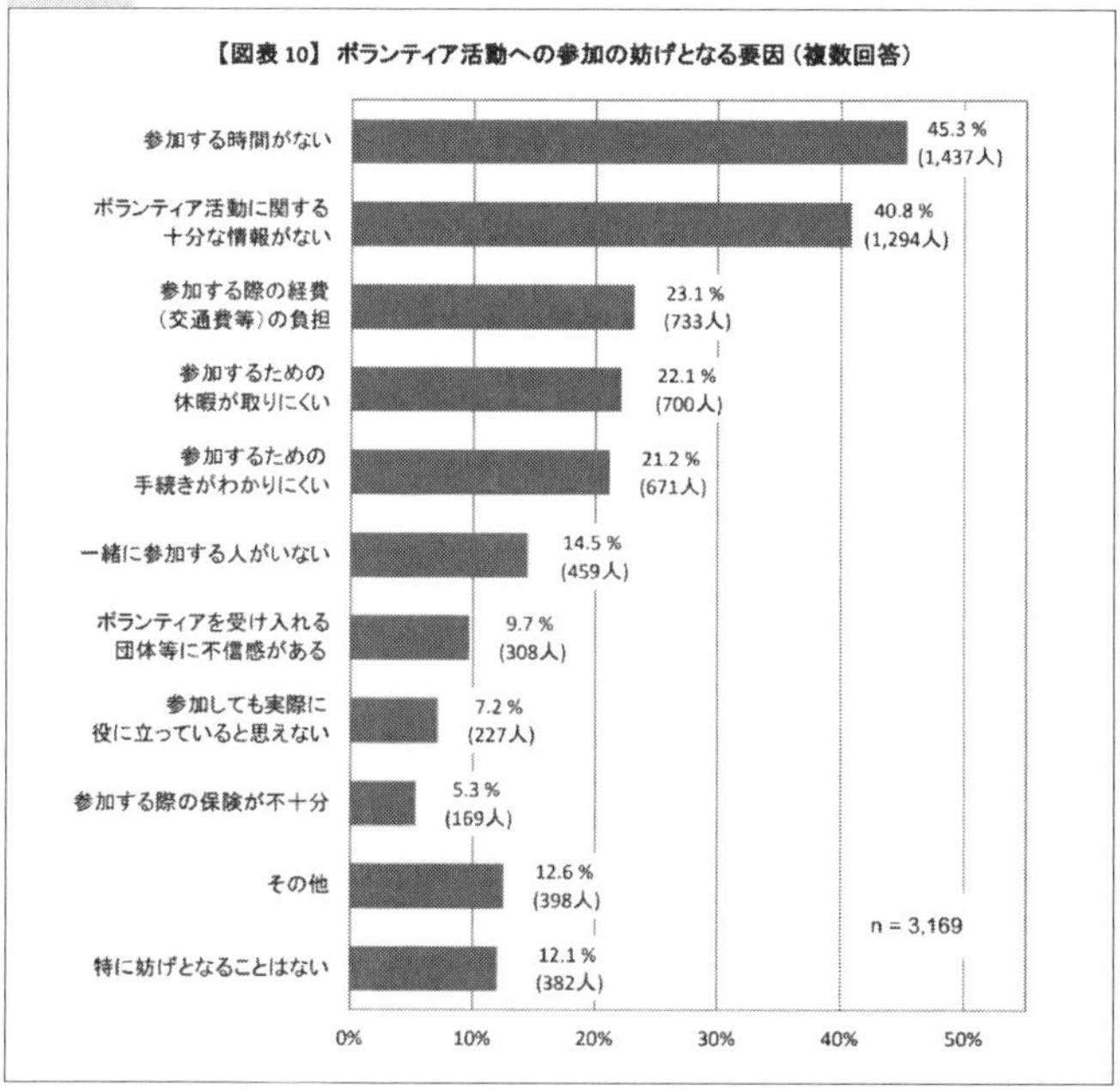

出典：内閣府（2023）「令和４年度 市民の社会貢献に関する実態調査」、P14

図2

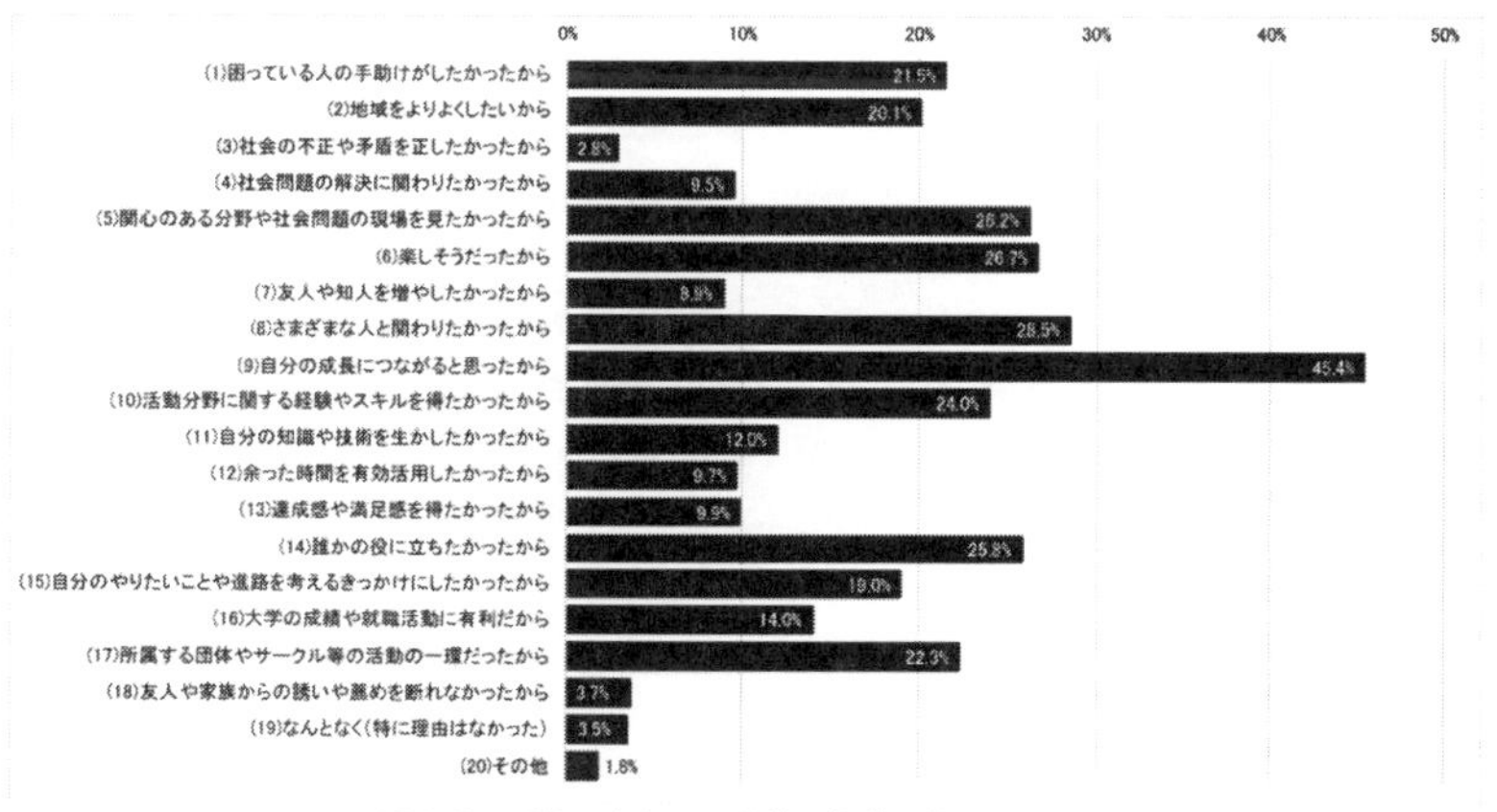

図 2-5-1 活動に参加した動機（複数回答・n=817）

出典：独立行政法人国立青少年教育振興機構（2020）「大学生のボランティア活動等に関する調査」、P11

②どれくらいの頻度で活動が行われているのか、どのような参加を求めているのかを伝える

図1によると、ボランティア活動への参加の妨げとなる要因として「参加する時間がない」（45・3％）という回答が一番多いという結果が出ており、時間的制約が課題となっていることがわかる。しかし、活動によって参加の頻度や参加の在り方は多様である。月に1回、数時間でできるボランティアなのか、それとも毎日のように数時間以上行うボランティアなのか、具体的な頻度や時間が示されていないがゆえに、漠然と時間がない、都合が合わないと思われているのではないか。対応策として、活動の頻度やスケジュールを示すこと、全ての活動日に参加してほしいのか、あるいは数日でも、数時間でも参加が可能なのか、求める参加のスタイルを明確に伝えることが大切だ。

図3

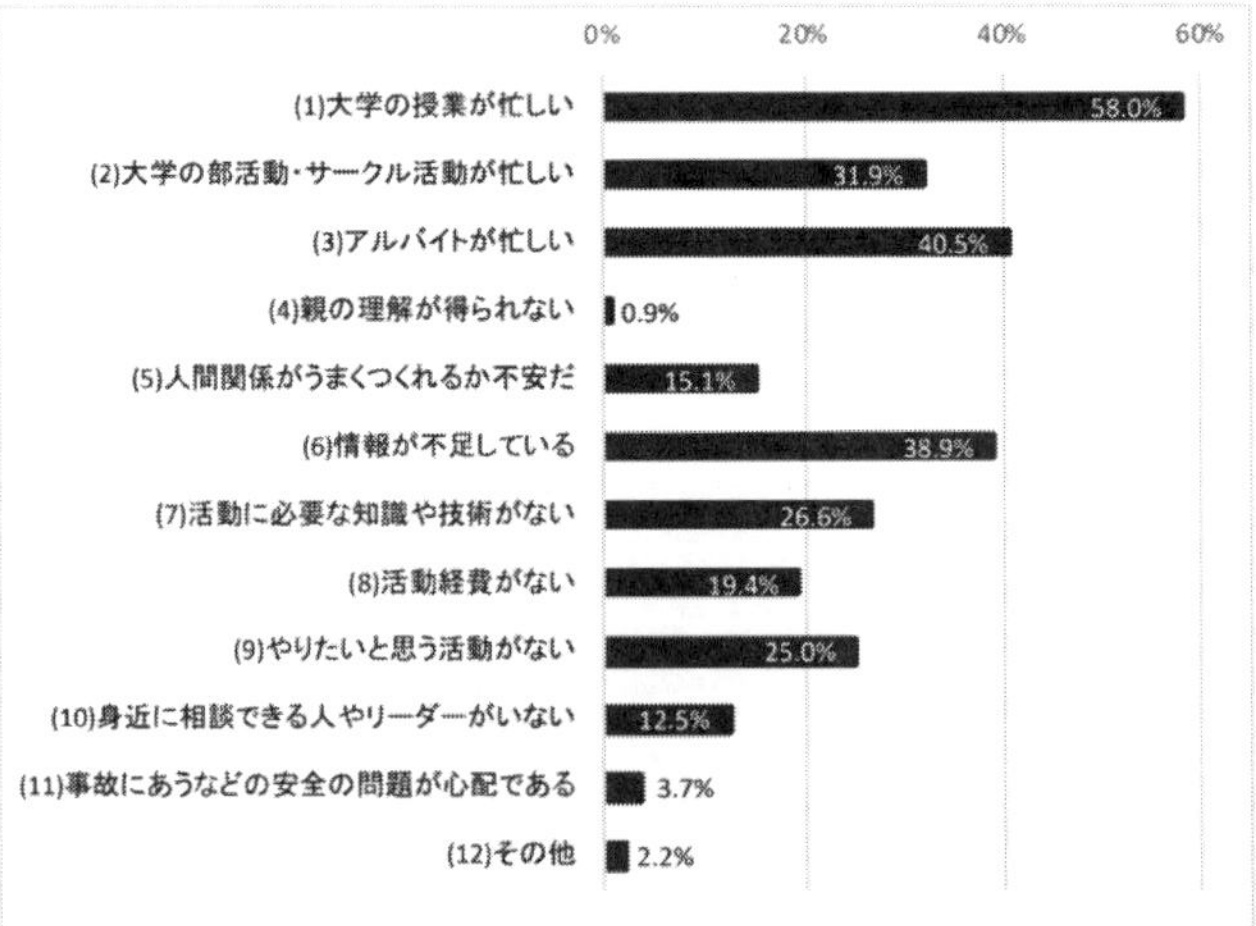

図 2-9-2　これまで活動をしなかった理由（複数回答・n=819）

出典：独立行政法人国立青少年教育振興機構（2020）「大学生のボランティア活動等に関する調査」、P18

③参加前の漠然とした不安を解消するための発信を心がける

図３によると、これまで活動をしなかった動機として「活動に必要な知識や技術がない」（26・６％）、「人間関係がうまくつくれるか不安だ」（15・１％）という結果が出ている。一部の専門的な活動をのぞいて、ボランティア活動では特別な知識や技術が必要ではないことが多いが、それが伝わっていないことが要因の一つとして考えられる。また、人間関係について不安があり抵抗がある人がいることを理解しておく必要がある。

対応策として、特別な知識や技術は必要がなかったという経験や感想を具体的な言葉で表現することが考えられる。一方で、必要な知識や技術などがある場合は、メンバーどうしで教え合える環境を整える、学習会など知識や技術の共有の機会を作るなど不安を解消する手段を整備し、その内容も含め発信すると良い。

人間関係の不安については、どんな人が活動に関わっているのかがわかると軽減されるのではないか。メンバー紹介や活動を始めたきっかけ、活動への思いなどの価値観や、趣味・普段していることなどのパーソナリティを開示し公開することなどが対応策として考えられる。また、新しくボランティアを始めようと考えている人々へのメッセージなど〝Welcomeな気持ち〟を精一杯表現し、あなたの力が必要だと強調して伝えることで、自分が関わって良いのだという安心感と、自分も力になれるのだという自信を与えることができる。

⑵ 理解者を増やす　～〝推し〟てもらえる存在になろう～

突然だが、あなたには〝推し〟と呼べるものはあるだろうか。推しとは「特に引き立てて応援している人や物。お気に入り」（明鏡国語辞典第3版、２０２０）のことである。ドラマやアニメなどの創作物、アイドルや芸能人などの人、楽曲や飲食物など、大好きでお気に入りのものを指す言葉だ。広報・発信することを通じてボランティアグループやあなたのことを〝推し〟てくれる存在、すなわち活動の意義を知り応援してくれる理解者となってもらえれば、グループやあなたが取り組む社会課題に対してともに取り組み伴走する存在にもなるかもしれない。また、グループを卒業したＯＢ・ＯＧや、活動先で関わった人々などが継続して関心を寄せ続け、理解者となるかもしれない。

では、推してもらうための広報・発信にはいったい何が必要なのだろうか。筆者が強調したいことは、「活動を通して感じた思いや考え・葛藤と、次に進むために何をするかを言語化[1]して発信する」ということだ。大前提として、これまで述べてきたような活動の内容や関わる人々の存在、向き合う課題と解決策などを発信することがとても重要な要素だ。だが、理解者を増やすためにはそれだけでは物足りない。活動を通じて、自分たちが何を感じ、何を思ったのか。喜びや嬉しさは何なのか。なぜそう思ったのか。直面した課題や困難はいったい何か。どんなことに悩み、葛藤しているのか。次のステップとして、いつどこでどんなことに取り組むのか。そのために、何が必要か。そんなところまで具体的に言語化し、伝えていくことがとても重要である。

昨今、若者の間ではショート動画などの「映え」投稿をはじめ、短く簡潔で見やすいコンテンツが好まれる傾向にあるので、端的に分かりやすく表現する手法に偏りがちだ。もちろん、同世代に見てもらうためにもそのような手法を用いることは間違っていない。しかし、あえて活動を通じて揺れ動いた感情や喜怒哀楽、自分たちで模索し考えてきたことなどを具体的に、より細かく表現してみたり、自分たちだけでは解決が難しい悩みを打ち明けてみたりすることで、受け手側がはっと立ち止まり、感じ取ろうとする機会になる。また、受け手側が自分にできることは何か考えるきっかけになる。自ら思いや考えを丁寧に表現する姿が伝わると、同世代だけでなく、多世代に応援されるきっかけにもなる。ときには、SNSでファンレターのような応援メッセージが届いたり、寄付を呼びかけた際に真っ先に支援してもらえたりするかもしれない。だからこそ、活動した内容やそこで出会った人々のこと、そこで感じた自分たちの思いや葛藤を言葉にして伝えることは重要だと考える。

(3) どのような手段で発信するか？ ～デジタルvsアナログ？～

発信手段として真っ先に思いつくのはデジタルツール、SNSだろう。特に同世代へ関心を持ってもらうためにはInstagramでの発信が効果的だ。早ければ大学への入学が決定する2月頃から、入学後の4月頃にかけて大学生のあいだでは「#春から○○大」のようなハッシュタグを付けて投稿をすると、学生生活のな

1 言語化については第7章「振り返りと言語化」でも触れられているので参照してほしい。

かで所属する場を探している新入生に見てもらいやすい。画像や短い動画の発信とも相性が良く、活動の様子やメンバー紹介などを投稿すると雰囲気が伝わる。無料版でも簡単におしゃれなデザインができるCanvaなどのツールを活用して広報画像を作成し、見やすく親しみやすい発信をおすすめしたい。

また、短い言葉で表現し活動の様子や思いを発信する際にはX（旧：Twitter）も効果的なツールだ。リプライ（返信欄）やダイレクトメッセージなどで個別の対応もしやすく、質問の受付をする際は「Peing—質問箱—」などのWEBツールなどと組み合わせて公開することで、受け手側が気になったことを聞くことへのハードルも下がる。一方で、理解者を増やすためにはFacebookを活用するのも効果的だ。じっくりと思いや考えを長文で表現し発信することと相性が良いツールである。20代～50代の利用者が多いため、活動先で出会う方々やボランティアグループのOB・OGへ見てもらいたい場合などにも活用しやすい。

一方で、アナログツールでの発信の力はより大きいと感じる。対面で直接コミュニケーションをとることは、強い訴求効果がある。仲間を増やしたいとき、「一緒にやってみない？」「お試しの気持ちで、来てみない？」と友人や知人を直接誘ってみると、あまり深く活動について理解していなくても、一度行ってみようかと思ってもらえるかもしれない。筆者の周囲では、誘った側の学生が数か月後に活動を離れることになったが、誘われた側であった学生がグループの幹部となって卒業まで熱心に活動を続けたという事例が多々ある。また、口コミで活動の魅力が伝わることもある。今の時代だからこそ、直接会ったときに、声をかけたり活動の魅力を伝えたりすることを大切にしてほしい。他にも、ボランティア募集説明会を開催する、大学のボランティアセンターや学生支援に関わる部署にかけあって活動報告やPRの機会を設ける、チラシや冊子をつくり、配布するなど、対面コミュニケーションの機会を大切にすることがおすすめだ。

言葉だけでなく、写真や動画を活用して活動の魅力や雰囲気を表現することも大切だ。ネット上のフリー素材やカラフルなデザインも良いが、それ以上に感じていることを表現し個性を出すために効果的なのは写真や動画だ。活動中の自分たちの様子はもちろん、活動先で許可が得られるようであれば関わっている人々と一緒に過ごしている様子などを発信するのも効果的である。

3　まとめ

ここまで、広報・発信の重要な点について論じた。せっかく自身が意義を感じて取り組むボランティアなので、自分だけのもので終わりにせず、仲間を集め、理解者を増やしながら、言葉や形にして伝えることに挑戦してみよう！

注）

SNSツールの名称や機能は2024年1月時点。時代の変遷とともに新たなツールが登場するので、目的に応じて効果的な媒体は何かを考えることもおすすめしたい。

終章　2つの「気づく力」を土台に次につながる活動へ

本書では「アイスブレイク」「傾聴」「リーダーシップ」「ファシリテーション」「企画の立て方」「プレゼンテーション」「振り返りと言語化」「広報・発信」について取り上げ、ボランティアにおいて必要な実践スキルとしてまとめてきた。

いずれも必要な実践スキルであるが、もちろんこれだけでは十分ではないことは「序章」で述べたとおりである。

そこで本章では、終章という筆者に与えられた比較的自由なページであることを逆手に取って、本書で十分に取り扱うことが難しかったすべての基礎となる「実践スキル」を2つの「気づく力」について書きながらまとめることにしたい。

○「社会で起きていること」に気づく力

ボランティアとして活動する際、最も大切な実践スキルとして「気づき」がある。そもそも、社会で起きていることに気づかなければボランティアの活動ははじまらない。もっとわかりやすく述べるならば「ボランティアの募集情報」に気がつかなければ活動もはじまらないだろうし、「この問題を解決したい」という気持ちも生じなければ、その先にあるボランティアにはつながることもないだろう。

では、その「気づく」という実践スキルはどうやって身につければよいのか。その近道は、身近なところから少し外を見て自身の意識を少し変化させることである。見落としていたことや問題点に気づくためには、社会で起きている事象などにちょっとアンテナを張って自らキャッチしようとするだけでも案外得られるものである。それだけで格段にキャッチしやすくなるだろう。

具体的な方法でいえば、自宅の周りを意識的に歩くだけでも「通りに出ると投棄ゴミが多いなぁ」「あの公園で小さいときにはよく遊んだのに、最近は使われていない」など、身近な社会の情況や課題発見につながることもある。

ボランティアの活動中であっても同じである。任された役割以外は「他の人がやるからいいや!」ではなく、周囲を見渡しながら活動することで「今、ここの人手が足りないな」など「気づき」があるかもしれない。

小さな気づきが、人々や社会が発する小さなＳＯＳのキャッチにつながる。「気づく」ということは、「気づく力」ともいえるが、状況の変化を察知する「観察力」でもある。このようにボランティアは社会と出会い、社会とつながる活動でもあるのだ。

○「自分の気持ち」にも気づく力

もうひとつ。「自身の気持ち」にも気づきを得てほしい。周りにばかり目配り・気配りをしていると、ついつい自分自身に気づかず疎かにしがちであるが、自分自身の「やってよかった!」という気持ちや、「本当に自分がやりたいこと」に気づくことで「本当の自分との出会い」があるかもしれない。

自身が「やってみたい!」と思った活動が「やってよかった!」につながればわかりやすいかもしれないが、「少し、自分にはあわなかったかな」や「今度は、違う活動にチャレンジしようかな!」という素直な感想も、ボランティアを通して得られる「自分の気持ち」への大切な気づきである。ボランティアは、そういった「気づき」と「自身の気持ち」と常に向き合う「真の自分」と出会うための活動なのだ。

○まとめに

ここで取り上げた「社会で起きていることに気づく力」と「自分の気持ちにも向き合い、気づく力」という2つの力は、本書でお伝えした8つの実践スキルのベース（土台）になるものだろう。まだまだ書きたいこともたくさんあるが、本書は入門書であることも踏まえて「コンパクトさも大事にしたい」と、執筆者のみなさんにお願いしており、申し訳ないぐらいに端的にまとめていただいた。その分、私が長くなっては恐縮である。このあたりで終えることにする。

本書のキャッチフレーズは「やってみたいをやってみる！」とともに「より充実したボランティアの活動へ！」としたが、ぜひボランティアを通して、たくさんの笑顔を届け、多くの学びを得て、ボランティアを通して相手はもちろん、活動者であるみなさん自身も充実した次につながる・つなげる活動になる「好循環」が生み出されることを願っている。

最後に、日本橋出版の大島拓哉さんには続編発刊の機会を与えていただき、まずは御礼を申し上げたい。また活動等の合間を縫って協力いただいた執筆者のみなさん、慣れない編者に的確なアドバイスをくださった田中あゆむさん、表紙や本文中の所々にイラストを描いてくださった実樹もみじさんをはじめ関係者のみなさんに重ねて御礼を申し上げる。

特に川田虎男さんには、企画の構想段階から大変お世話になった。前作を「必要最低限のことがぎゅっと、しっかり詰め込まれていて、すごいですね」と(リップサービスだったと思うが)高く評価いただき、その発言についつい勢いにのった私が「続編は一緒にやりましょうね!」と、お誘いして以降、企画立案段階から終始ご協力をいただき深謝に堪えない。

何より、本書は前作をお読みくださった読者のみなさんが、実際に活動した際の声から生まれた本でもある。たくさんの方の活動が大きな後押しになったことは間違いのないことであり、心から感謝するとともに、また次の活動でもご一緒できれば幸いである。

２０２４年10月
久米　隼

■執筆者プロフィール（執筆担当順）

久米　隼（くめ　はやと）…担当：序章・終章

編著者プロフィールを参照

川田　虎男（かわた　とらお）…担当：第1章・第5章

埼玉県立大学保健医療福祉学部准教授。ＮＰＯ法人ハンズオン埼玉代表理事。社会福祉士。立教大学大学院21世紀社会デザイン研究科博士後期課程修了。博士（社会デザイン学）。著書に『モヤモヤのボランティア学』（共著、昭和堂、２０２３）などがある。

皆川　佳菜恵（みながわ　かなえ）…担当：第2章

一般社団法人彩の国子ども・若者支援ネットワークボランティア担当。東京女子大学在学中より同法人が受託しているアスポート学習支援にボランティアとして参加。現在は主に学生へボランティアや学生支援の魅力を伝え、活動をサポートしている。

甲野　綾子（こうの　あやこ）…担当：第3章

ＮＧＯ ＳＯＳＩＡ代表理事（ボランティア）。トヨタ財団プログラムオフィサー。岐阜県立看護大学非常勤講師。企業、ボランティアセンター、NGO、JICA研究所を経て現職。著書に「世界から飢餓を終わらせるための30の方法」（共著、合同出版、2012）がある。

志塚　昌紀（しづか　まさのり）…担当：第4章・第6章
横浜市「開国博Y150」市民創発事業のチーフファシリテーターとして、180にも及ぶ市民創発プロジェクトを支援。その後、埼玉県共助社会づくり課にてNPO支援に従事。現在、東京富士大学経営学部イベントプロデュース学科専任講師。専門は、イベント学、ソーシャルデザイン。

関根　由香里（せきね　ゆかり）…担当：第7章
一般社団法人ソーシャルアクションサポートセンター 理事。埼玉県草加市ふるさとまちづくり応援基金運営委員会 委員。東洋大学在学中に東日本大震災の被災地支援団体を設立。子ども虐待防止に取り組むNPO法人の理事も経験。現在はこれまでの経験を活かし、団体運営のサポートに取り組む。

岡　秀和（おか　ひでかず）…担当：第8章
関西学院大学ボランティア活動支援センター ヒューマン・サービス支援室 ボランティアコーディネーター。関西学院大学を2017年に卒業後、2018年より現職。日本ボランティアコーディネーター協会運営委員を経て、2024年より理事。被災支援ボランティア団体おたがいさまプロジェクト理事。

▶編著者プロフィール

久米 隼（くめ はやと）

武蔵野短期大学幼児教育学科専任講師。専攻は社会福祉学、非営利活動論（NPO、ボランティア等）。立教大学大学院博士課程前期課程修了。大学院在学中から行政施策事業に取り組み、実践研究のため特定非営利活動（NPO）法人の専従職員（管理職）等として非営利組織の運営に携わる。その後、大学附属機関専門職（専任）、講師・指導補助（非常勤）などを経て現職。社会的活動として和光市教育委員会社会教育委員（議長）や、認定特定非営利活動法人児童虐待防止全国ネットワーク（理事）、特定非営利活動法人共同生活推進協議会（理事）等にも取り組む。著作に『これだけは理解しておきたいボランティアの基礎』（単著、日本橋出版、2021）や『ほんきの保育を本気でめざす！――笑顔・素直・挑戦から生まれる「信頼される保育者」』（編著、花伝社、2024）などがある。

これだけは身につけておきたい　ボランティアの実践スキル

2024年10月15日　第1刷発行

編著者――久米隼
イラスト――実樹もみじ
発　行――日本橋出版
〒103-0023　東京都中央区日本橋本町2-3-15
https://nihonbashi-pub.co.jp/
電話／03-6273-2638
発　売――星雲社（共同出版社・流通責任出版社）
〒112-0005　東京都文京区水道1-3-30
電話／03-3868-3275

ISBN 978-4-434-34386-5